Rainbow series
the GREEN

the GREEN
숨쉼 여행

김기쁨 김정흠 박은하

무조건 지금 떠나는 개인 취향 여행
Rainbow series

여가로운삶

사람과 이야기 사이, 나무 아래 숨쉼

김 기 쁨

추억 속 평온 찾아, 나무 곁에 숨쉼

김 정 흠

떠오른 순간의 가치, 나무로 숨쉼

박 은 하

the GREEN ·
33곳의 숨 쉬기 좋은 여행지

deep GREEN ·
여행지의 한 나무 이야기

from GREEN ·
함께 가기 좋은 숨쉼 여행지

QR 코드
메인 장소의 전용 홈페이지 또는 지역 문화 관광 홈페이지
(관련 홈페이지나 온라인 정보가 없는 곳은 네이버 지도로 연결)

· 나무 이야기는 국립수목원 국가생물종지식정보시스템을 참고하였습니다.
www.nature.go.kr

·

그럴 수 있다면
푸르른 오늘을 숨쉼

—

나무 아래, 나무 곁에, 나무로
푸르른 희망의 색 GREEN

나무가 숨 쉬는 곳에서
우리도 숨 쉰다.

봄날 무료함에 한숨짓다
마른 나뭇가지 위에 돋아난 어린잎에 숨 쉬고

한여름 불볕 더위에 숨이 턱 막히다가
햇살에 나부끼는 무성한 잎사귀에 바람을 만끽한다.

이유 모를 그리움에 숨 참고 우는 가을에는
때를 알고 색동 입어 땅으로 내리는 낙엽에 웃는다.

적막한 고요에 숨 돌리는 겨울 그 끝에
속살 다 내보이는 마른 가지 위로
다시 푸르게 반짝이는 우리의 희망을 들이켠다.

한 나무에 매달린 서로 다른 잎들은
한 마음에 흔들리는 서로 다른 바람 같아서

그럴 수 있다면
우리의 푸르른 순간을
오늘의 시간, 오늘의 자리에서
크고 깊이 숨 쉰다.

—

the GREEN 숨쉼 여행과 함께

the GREEN #01

강릉
오죽헌

•

600년의 시간을 품은
오죽헌의 매화나무
다정한 보살핌 속에
되살아난 생명의 꽃망울

—

• **Info** •
주소 강원 강릉시 율곡로3139번길 24 오죽헌
문의 033-660-3301
운영시간 09:00~18:00 | 연중무휴
입장료 어른 3,000원 / 청소년·군인 2,000원 / 어린이 1,000원 / 만 65세 이상 무료
주차료 무료
대중교통 강릉역에서 2.8km, 버스 300번 약 30분

• 오죽헌 •

조선 시대 유학자인 율곡 이이가 태어나고 그의 어머니인 신사임당이 살았던 집. 오죽헌은 이름에서 그 주인공이 명확히 드러난다. 오죽(烏竹), 검은 대나무다. 집 주변에 검은 대나무가 많이 자라나서 집 이름이 오죽헌이 되었다. 방문객들은 주로 오죽헌의 독특한 대나무 숲을 보기 위해 이곳을 찾는다.

오죽헌은 우리나라 주택 건축물 중에서도 오랜 역사를 자랑한다. 1400년대에 지어져 신사임당(1504~1551)과 율곡 이이(1536~1584)가 이곳에서 나고 자랐다. 지금은 관광지 전체를 통칭하기도 하지만, 정확히 말하면 오죽헌은 조선 시대 사대부 주택 중 사랑채에 해당한다.

매표소를 지나 오죽헌으로 향하는 길, 율곡 이이의 동상이 여행자를 맞이한다. 그리고 한 폭의 그림 같은 나무와 정원이 이어진다. 동상 뒤로 조성된 정원은 '초충도 화단'이다. 신사임당이 그림의 소재로 삼았던 맨드라미, 원추리, 가지, 오이, 수박 등 다양한 식물을 심은 공간이다. 각 식물의 그림도 함께라 그가 얼마나 자연을 세심히 관찰했는지 비교하는 재미도 있다. 꽃과 나무를 지나 탁 트인 광장을 건너 문을 통과하면 비로소 오죽헌이 등장한다. 대청마루와 온돌방을 품은 팔작지붕의 단층 건물은 정갈하고 단아하다. 유독 많은 이들이 모여 사진을 찍는 온돌방 위로 '몽룡실(夢龍室)'이라는 현판이 보인다. 그 유명한 '율곡 이이가 태어난 방'이다. 신사임당이 용꿈을 꾸고 낳은 율곡은 역사에 남는 위대한 학자가 되었다.

오죽헌 옆 건물은 율곡의 영정을 모신 사당, 문성사(文成祠)다. 그 뒤편에서 오죽이 자란다. 기대했던 검은 대나무를 만났건만, 오히려 마당의 다른 나무들이 눈길을 끈다. 용처럼 이리저리 굽으며 하늘로 솟는 소나무와 차분한 분위기를 자아내는 배롱나무다. 각각 율곡송, 사임당 배롱나무라는 이름이 붙었다. 오죽헌 남서쪽 담장 모퉁이에는 1400년경에 심어진 매화나무, 율곡매가 600년 넘게 자리를 지키는 중이다.

오죽헌 주변에는 율곡기념관과 강릉화폐전시관, 강릉시립박물관 등 실내 전시공간도 있다. 건물 사이엔 율곡이 예찬했던 소나무와 신사임당이 사랑했던 꽃들이 자란다. 오죽헌을 중심으로 한 커다란 공원인 셈이다. 여러 전시관 중 율곡인성교육관으로 향한다. 오죽헌만의 미디어아트를 보기 위해서다. 지하 1층 실감영상실에 들어가는 순간 신사임당의 작품이 눈앞을 가득 채운다. 화면에 펼쳐지는 그림은 여름의 빛을 한껏 머금은 초충도다. 미디어아트 앞에 서면 내 키보다 커진 가지와 맨드라미에 둘러싸인다. 옛 자연을 담은 그림에 감싸 안기는 포근한 경험이다.

매년 10월에는 율곡제가 열린다. 공식 명칭은 '대현율곡이선생제'로, 율곡 이이의 유덕을 기리고 선양하기 위해 진행하는 추모제다. 율곡제가 열리는 날이면 조선 시대 유학자의 복장인 옥색 한복을 입은 이들이 오죽헌에 가득해 또 다른 장관을 이룬다. 500년이 지난 지금도 오죽헌에는 여전히 신사임당과 율곡 이이의 마음이 흐른다. 작은 꽃 한 송이에도 그들의 얼이 깃들었기에.

deep GREEN •

매화나무

매화는 혹독한 추위를 이겨 내고 잎보다 먼저 꽃을 피운다. 눈 속에 피어나는 꽃이라 하여 '설중매(雪中梅)'라고도 불린다. 이러한 특성 때문에 매화는 예로부터 선비들이 굳은 의지와 고고한 기상을 상징하는 나무로 여겼고, 난초, 국화, 대나무와 함께 사군자(四君子)로 삼았다.

신사임당은 유독 매화를 사랑했다. <고매도>, <묵매도> 등 여러 매화 그림을 남겼고, 첫째 딸 이름을 매창(梅窓)으로 지을 정도였다. 율곡매는 그런 신사임당이 태어나기 전부터 지금까지 꿋꿋이 살아남았다. 1400년대에 심어진 이 매화나무는 신사임당과 율곡 이이가 직접 가꾸었다고 전해진다. 높이 9m에 이르는 노거수로 구례 화엄사의 화엄매, 순천 선암사의 선암매, 장성 백양사의 고불매와 함께 우리나라 4대 매화로 꼽힌다.

기후변화 때문에 2017년부터 급격히 기운이 약해진 율곡매는 한때 사실상 고사 판정을 받기도 했다. 일부 가지가 말라죽었고 꽃도 거의 피지 않았다고. 하지만 2023년, 율곡매는 예상을 깨고 아름다운 꽃을 피워 냈다. 죽어서 잘라 낸 줄기 위로 가녀린 가지가 솟아나고, 그곳에서 활짝 꽃이 핀 것이다. 자연의 위대한 생명력은 많은 이들에게 경이로움과 감동을 선사했다.

지금도 문화재청과 강릉시는 율곡매를 살리기 위해 다양한 노력을 기울이고 있다. 생육환경 개선, 뿌리 치료 등의 보존 처리를 꾸준히 진행 중이다. 율곡매의 씨앗을 채취해 후계목을 육성하는 사업도 추진하고 있다. 그러한 노력 덕분일까. 2024년 그리고 2025년에도 율곡매는 꽃을 피웠다. 오랜 세월을 버텨 온 강인함과 사람들의 관심이 이루어 낸 결과다.

천연기념물 오죽헌 율곡매의
수세회복을 위한 시설입니다.

from GREEN •

강릉오죽한옥마을

오죽헌에서 도보 3분 거리에 위치한 강릉오죽한옥마을은 전통 한옥 숙소이자 문화 공간이다. 한옥에 머물며 대청마루에서 쉼을 즐기다 보면 하루가 짧게 느껴진다. 객실을 제외한 공간은 투숙객이 아니어도 둘러볼 수 있다. 작은 정자와 연못의 풍경을 감상하고, 한옥 사이로 난 길을 걸으며 운치를 즐겨 보자. 비정기적으로 전통문화 체험과 공연 등 다채로운 행사도 열린다.

주소 강원 강릉시 죽헌길 114 **문의** 033-655-1117 **홈페이지** https://ojuk.gtdc.or.kr

강릉시립미술관 솔올

지난해 2월에 개관한 솔올미술관이 2025년 4월, 강릉시립미술관 솔올로 다시 태어났다. '솔올'은 '소나무가 많은 고을'이라는 뜻으로, 미술관이 자리한 강릉시 교동의 옛 이름이다. 솔향 가득한 강릉을 담은 미술관은 건축가 리차드 마이어(Richard Meier)가 설계했다. 공원에 위치하고 있어 커다란 창과 푸른 식물의 조화가 매력적이다.

주소 강원 강릉시 원대로 45 **문의** 033-660-2446 **운영시간** 10:00~18:00(입장 마감 17:30) **휴무** 매주 월요일, 1월 1일, 설날·추석 당일 **입장료** 유료 전시회 외 무료 **홈페이지** www.gn.go.kr/mu

선교장

300년의 역사를 자랑하는 조선 시대 상류층 가옥이다. 정원과 전통 가옥이 어우러져 고즈넉한 분위기를 자아낸다. 입구에 들어서면 바로 보이는 연못과 활래정이라는 정자가 대표적인 포토존으로, 여름이면 활래정 앞에 연꽃이 가득 피어 절경을 이룬다. 선교장이 한눈에 들어오는 카페에서 차와 다식을 즐길 수도 있다.

주소 강원 강릉시 운정길 63 **문의** 033-648-5303 **운영시간** 09:00~18:00(동절기 17:00까지) **입장료** 어른 5,000원, 청소년 3,000원, 어린이 2,000원 **홈페이지** www.knsgj.net

강릉오죽한옥마을

선교장

the GREEN #02
경주
경북천년숲정원

•

경주 핫플에서 만난 칠엽수
손바닥을 닮은 잎으로
다정히 쓰다듬어 주듯이
그가 드리워 준 시원한 그늘

—

• Info •
주소 경북 경주시 통일로 366-4
문의 054-778-3840
운영시간 10:00 ~ 17:00(동절기 16:00까지) | 1월 1일, 설날 및 추석 당일 휴무
입장료 무료
주차료 무료
대중교통 경주역에서 16km, 버스 711번 약 40분

• 경북천년숲정원 •

경주에는 초록 물결이 넘실대는 곳이 많다. 세계유산으로 등재된 불국사와 석굴암을 품은 토함산을 시작으로 대릉원, 첨성대 주변의 드넓은 잔디밭까지. 그중에서도 경북 지방정원 1호로 지정된 경북천년숲정원은 이름부터 '숲'을 내세웠다. 원래 경상북도 산림환경연구원이 산림자원을 보존하기 위해 운영하던 공간을 33만㎡의 정원으로 새롭게 꾸몄다. 가볍게 돌아보는 '쉬엄쉬엄 코스'의 소요시간은 40분, 구석구석 돌아보는 '꿰뚫기 코스'의 소요시간은 3시간이 걸릴 정도로 넓고 알찬 곳이다.

경북천년숲정원에는 많은 나무들이 조화롭게 어우러져 있다. 왕버들, 목련, 무궁화, 귀룽나무 등 410종의 나무가 이곳에 사는 중이다. 이 나무들을 아우르는 테마정원은 관람에 즐거움을 더한다. 수양버들과 연못이 낭만적인 버들못정원, 신라의 역사를 형상화한 조형물이 돋보이는 서라벌정원 등이 조성되어 있다.

정원에 들어서면 외나무다리가 보인다. 경북천년숲정원을 경주 핫플로 자리매김하게 한 장소다. 안내도상의 이름은 '거울숲'이다. 맑은 실개천 위에 놓인 나무다리와 물에 비친 숲의 모습이 환상적이다. 너도나도 줄을 서서 사진을 찍을법한 장면이다.

핫플이 입구에 위치한 덕에 외나무다리를 지나면 정원은 비교적 한산해진다. 실개천 옆으로는 무궁화 터널이 이어진다. 사람 키를 가볍게 넘는 무궁화가 말 그대로 터널을 이룬다. 이렇게 큰 무궁화는 처음 보는 터라 신기해 숲 해설사에게 물어보니 '살아남으려고' 컸단다. 주변 나무가 워낙 커서 해를 못 보니 빛을 쬐려고 높이 솟은 거라고. 자연의 위대함이다.

무궁화 터널 반대쪽에는 또 다른 가로수길이 있다. 위로 솟은 나무도,

앞으로 뻗은 길도 시원시원한 산책로다. 찰칵. 사진을 찍어 남편에게 보내니 '예쁘네. 메타세쿼이아?'라는 메시지가 왔다. '응. 아마도?' 반쯤 확신에 찬 답을 하고 다시 길을 걷기 시작했다. 그러다 이내 깨달았다. 이 나무들은 메타세쿼이아가 아님을. 나무에 달린 이름표를 보니 '칠엽수'라는 글자가 선명했다.

나무마다 이름표가 붙어 있음에도 제대로 보지 않고 오해한 나 같은 누군가를 위해 그리고 나무에 대해 조금 더 깊이 알고 싶은 이들을 위해 경북천년숲정원은 숲 해설 프로그램을 운영 중이다. 3월부터 11월까지 숲 해설사와 함께 정원을 거닐며 곳곳에서 자라나는 나무의 이야기를 들을 수 있다. 참가비는 무료. 사전예약과 현장 접수 모두 가능하다. 하루에 두 번, 오전 10시와 오후 2시에 진행되니 다음엔 꼭 참여해 봐야겠다 마음먹는다. 대충 보고 쉽게 판단한 실수에 대한 자기반성이랄까.

deep GREEN •

칠엽수

칠엽수는 5~7개의 작은 잎이 모여 손바닥 모양의 겹잎을 이룬다. 그래서 이름도 칠엽수다. 잎은 활짝 편 손바닥을 닮았다. 사람의 손도 가운뎃손가락이 가장 길듯이 칠엽수의 잎도 7개 중에서 가운데 잎이 가장 길다. 30cm까지 자랄 정도로 큰 잎을 자랑한다. 잎이 이렇게 큰 것은 빛을 최대한 많이 받기 위해서다. 더 잘 자라기 위해 노력한 결과다.

성장을 위해 애쓴 칠엽수는 30m까지 키가 큰다. 높이 솟은 모습이 보기만 해도 시원함을 선사한다. 키도 크고 잎도 큰데 가지도 사방으로 퍼지듯 자란다. 그래서 한창 해가 뜨거운 시간에도 칠엽수 아래로는 넓은 그늘이 생긴다. 이러한 특징 때문에 우리나라에서는 칠엽수를 가로수로 많이 심는다.

경북천년숲정원의 칠엽수 산책로는 30m에 걸쳐 이어진다. 170여 그루의 칠엽수가 일렬로 서 있어 여름에도 긴 그늘을 이루는 길이다. 5~6월에는 작은 꽃이 빽빽하게 모이듯 피어나고, 9~10월에는 밤을 닮은 열매가 열린다. 가을이 더 깊어지면 커다란 잎이 붉게 물들어 포토존으로도 인기가 많다고. 계절마다 맞이하는 칠엽수의 변화를 알고 나니 가을이 기다려진다. 숲 해설사와 함께 만날 칠엽수는 어떤 모습일까.

from GREEN •

금장대수변공원

형산강과 버드나무와 습지가 어우러진 친수공간이다. 강을 따라 나무 데크 산책로가 설치되어 누구나 부담 없이 걷기에 좋다. 공원 옆 산 위에 자리한 금장대는 날아가는 기러기 떼가 쉬었다 갈 정도의 절경으로 유명하다.

주소 경북 경주시 석장동 산38-8 **문의** 054-779-8585(경주시청)

대릉원

신라 시대의 왕과 왕비, 귀족들의 무덤이 모여 있는 고분군이다. 내부 관람이 가능한 천마총을 비롯해 금관총, 미추왕릉 등 여러 고분이 있고, 황리단길과 첨성대가 가까워 경주 여행의 필수 코스로 손꼽힌다. 주변의 '고분 뷰' 맛집과 카페들도 SNS 명소로 떠올랐다.

주소 경북 경주시 계림로 9 **문의** 054-750-8660 **운영시간** 09:00~22:00(연중무휴) **입장료** 대릉원 무료, 천마총 어른 3,000원, 청소년 2,000원, 어린이 1,000원

신라천년서고

국립경주박물관 내에 위치한 도서관이다. 박물관 수장고였던 건물을 리모델링한 공간으로, 책과 석등이 어우러진 인테리어가 독특하다. 책장엔 신라와 경주, 불교, 역사 관련 도서를 중심으로 비치했다. 편안한 독서를 권장하는 '눕독' 공간으로 화제가 되기도 했다.

주소 경북 경주시 일정로 186 국립경주박물관 내 **문의** 054-740-7500 **운영시간** 10:00~18:00 **휴무** 주말 및 공휴일 **입장료** 무료 **홈페이지** https://gyeongju.museum.go.kr

대릉원

신라천년서고

the GREEN #03

경주
동궁원

·

신라 천년의 역사가 스민 곳에
불상 품고 자리한 보리수
숲이 된 나무 앞에서 보내는
평온한 명상의 시간

—

· Info ·

주소 경북 경주시 보문로 74-14
문의 054-779-8725
운영시간 09:30~19:00(입장시간 18:00까지) | 매주 월요일, 설·추석 당일 휴무
입장료 어른 5,000원 / 청소년 4,000원 / 어린이 3,000원
주차료 무료
대중교통 경주역에서 18km, 버스 60번, 61번 및 100-1번 약 45분

· 동궁원 ·

경주 시내에서 보문호로 향하는 길, 커다란 유리 건물이 보인다. 온실 같기도 하고 유리로 지은 궁궐 같기도 한 이곳의 정체는 경주 동궁원. 신라의 정원 문화에서 영감을 받은 식물원이다. 동궁원이라는 이름은 '동궁과 월지'에서 땄다. 동궁은 신라 왕실의 별궁이자 연회 장소, 월지는 인공 연못을 중심으로 한 정원이다. 《삼국사기》에 따르면 '궁 안에 연못을 파고 산을 만들어 화초를 심고 진귀한 새와 짐승을 길렀다'라고 전한다. 674년(문무왕 14년)의 기록이다. 동궁원은 이러한 역사적 배경을 바탕으로 식물원과 버드파크를 갖추어 2013년에 문을 열었다.

신라 시대 한옥 구조로 지어진 유리온실에 들어서면 시간과 지역을 넘나드는 여행이 시작된다. 제2관에서 시작해 본관으로 이어지는 동선을 따라 다채로운 식물 세계가 펼쳐진다. 야자수와 과일나무가 신선한 향을 전하고, 1년 내내 핀 화사한 꽃들이 방문객을 반긴다. 온도가 훌쩍 올라감을 느낄 땐 후텁지근한 열대 지방을 만나기도 한다.

동궁원에는 한참을 올려다봐야 하는 거대한 나무가 많다. 그중에서도 눈길을 끄는 나무는 보리수다. 식물원 2관, 치유 식물 정원에 자리한 커다란 보리수의 나이는 300살 이상. 우리나라 온실 식물 기준 최대 수령의 보리수다. 수많은 줄기가 뒤엉키듯 자라난 고목은 그 크기와 생김새로 많은 이들의 발걸음을 붙잡는다. 보리수와 마주 보는 또 다른 거목은 수령 250년이 넘은 붉은 원종 고무나무다. 아늑한 온실에 커다란 나무가 서로를 바라보듯 선 모습이 인상적이다.

2관에서 본관으로 넘어가면 커다란 폭포와 연못이 보인다. 열대 식물이 가득한 수생원이다. 이곳 연못의 물은 평범한 물이 아니다. 신라의 장군 김

유신의 옛 집터에 위치한 우물 '재매정'에서 흘러나온 물이 포석정 그리고 동궁과 월지를 거쳐 수생원에 도착한다고. 경주에 흐르는 신라의 역사를 상징하는 공간이다.

본관과 2관이 식물원이라면 동궁원 3관은 체험관이다. 비누, 액자, 목걸이 등 여러 만들기 체험과 압화 소품 프로그램이 상시로 운영 중이다. 수분을 제거한 꽃을 누르고 장식해 나만의 소품을 꾸며 보는 체험이다. 원예식물과 테라리움, 야생화, 산나물과 약초에 대해 배우는 식물아카데미는 어른들에게, 여름에 가능한 블루베리 따기 체험은 아이들에게 인기가 많다.

체험관까지 알차게 돌아본 후 해가 저물면 동궁원은 새로운 매력을 발산한다. 1년에 두 번, 야간개장을 할 때면 식물원이 빛으로 물든다. 본관과 2관에 설치된 조명이 무지개처럼 변하면서 환상적인 야경을 연출한다. 음악에 맞춰 춤을 추는 분수 또한 조명과 어우러져 멋진 밤의 추억을 선사한다. 야간개장 시즌은 매년 유동적이니 공지사항을 확인해야 한다.

보리수

인도가 원산지인 보리수는 열대 및 아열대 지역에서는 높이 30m, 둘레 6m까지 자란다. 나무 아래에서 부처님이 깨달음을 얻었다는 전설 때문에 깨달음의 나무라고도 불린다. 한자로는 菩提樹, 영어로는 bodhi tree다. 菩提(보리)는 불교 최고의 지혜를, bodhi는 산스크리트어로 깨우침을 뜻한다고 하니 보리수 자체가 곧 깨달음을 상징한다. 그래서 동궁원 보리수 앞엔 평평한 바위가 놓여 있다. 부처님이 앉은 자리를 상징하는 포토존이다.

보리수의 특징 중 하나는 기근, 즉 공기뿌리다. 흙 속에서 뻗어 나가는 뿌리가 아니라 줄기나 가지에서 나와 공기 중에 노출되는 뿌리를 말한다. 보리수는 큰 가지에서 기근이 많이 내려온다. 이 기근이 땅에 닿으면 땅 밑으로 뿌리를 내리기 시작해 그곳에서 또 새로운 줄기가 자라난다. 그 과정이 반복되면서 한 그루의 나무가 여러 그루처럼 보인다. 하나의 나무가 점차 숲을 이루는 모양새다. 수행과 깨달음이 반복되는 모습을 연상시켜서일까. 보리수를 가만히 바라보니 그것만으로도 명상이 된다. 누군가 보리수에 얹어 둔 부처님이 우리를 보며 빙긋 미소를 짓는다.

from GREEN •

경주엑스포대공원

1998년 경주세계문화엑스포를 시작으로 다양한 문화 콘텐츠를 선보이며 복합문화 관광단지로 자리매김했다. 황룡사 9층 목탑을 형상화한 경주타워가 상징적이며, 타워 전망대에서는 보문단지 일대가 한눈에 들어온다. 경주솔거미술관, 천마의 궁전, 살롱헤리티지 등에서 문화 예술 전시가 꾸준히 열리는 중이다.

주소 경북 경주시 경감로 614 **문의** 054-748-301 **운영시간** 공원 10:00~22:00, 전시관 10:00~19:00 (연중무휴) **입장료** 어른 12,000원, 어린이 10,000원 **홈페이지** www.cultureexpo.or.kr

보문정

CNN에 '한국의 비경'으로 소개된 정자다. 정자와 연못을 중심으로 벚나무와 단풍나무가 식재되어 모든 계절에 사랑받는 사진 명소다. 규모가 크지는 않지만 산책로와 벤치 등 휴식 공간이 잘 조성되어 여행 중 들르기에 좋은 쉼터다.

주소 경북 경주시 신평동

신라왕경숲

신라 시대에 하천의 범람을 막기 위해 '오리수'라는 숲을 조성했다. 과거의 그 오리수를 재현해 조성한 숲이 신라왕경숲이다. 너른 잔디와 산책로, 크고 작은 나무가 조화로운 공원이다. 붐비는 관광지에서 벗어나 잠시 여유를 만끽해 보자.

주소 경북 경주시 구황동

경주엑스포대공원

보문정

the **GREEN** #04

당진
면천읍성마을 대숲바람길

•

오래된 읍성 마을에
바람이 깃든 대나무 숲
하나둘 모인 사람들이
함께 만들어 가는 이야기

—

• **Info** •

주소 충남 당진시 면천면 성상리 782-14
문의 041-350-3891~3(당진시 관광안내소)
운영시간 상시 개방 | 연중무휴
입장료 무료
주차료 무료
대중교통 당진버스터미널에서 13km, 버스 450번 약 45분

• 면천읍성 •

'마을들이 조금씩 되살아났다. 건강한 남자와 여자들, 그리고 밝은 웃음을 터뜨리며 시골 축제를 즐길 줄 아는 소년 소녀들을 길에서 만날 수 있었다.' 프랑스 작가 장 지오노의 단편소설 《나무를 심은 사람》은 사람들이 떠난 마을에서 30년간 나무를 심은 양치기 노인 '부피에'의 이야기다. 전쟁과 재해를 이겨 내고 묵묵히 나무를 심은 결과 숲이 생기고 사람이 모여들었다. 한 사람의 작은 실천이 일궈 낸 위대한 변화다.

당진의 면천읍성마을에는 여러 '부피에'가 산다. 마을의 중심은 1439년 세종대왕 시절에 지어진 면천읍성이다. 2007년부터 현재까지 면천읍성 정비복원 사업이 진행되면서 성벽과 객사 등이 옛 모습을 되찾았다. 읍성 복원이 한창이던 2017년, 옛 우체국 청사에 미술관이 문을 열면서 마을에도 변화가 찾아왔다. 미술관을 보고 용기를 낸 누군가는 오래된 건물을 수리해 책방을 열었고, 그 모습을 본 또 다른 이는 아기자기한 상점을, 누구는 디저트 가게를, 또 누구는 카페를 차렸다.

타지에서 와 면천에 자리 잡은 그들은 스스로 '나무를 심는 사람들'이라고 칭한다. 많은 이들이 도시로 떠나는 때에 작은 마을로 와 나무를 심듯 꿈과 도전을 키웠더니, 꼬리에 꼬리를 물듯 또 다른 나무들이 생겨나서다. 그렇게 마을에 활기가 돌기 시작했다.

곳곳에 새로운 명소가 자리 잡은 마을에는 오래된 볼거리도 많다. 지금도 복원 중인 면천읍성을 비롯해 수령 1,100년이 된 두 그루의 은행나무, 꽃 명소인 골정저수지, 고려 시대 모습을 재현한 연못과 군자정 등이 있다. 산책이 곧 여행이 되는 매력적인 마을이다.

골정저수지와 군자정 사이에 작은 대나무 숲이 하나 있다. 지도에도 나오지 않았던 이 숲이 대숲바람길이다. 군자정에서 영랑효공원을 지나 조금 더 걸으면 숲 입구가 보인다. 다 걷는 데 20분 정도 걸릴까. 바람에 사각거리는 대나무 소리를 들으며 가볍게 걷기 좋은 오솔길이다. 그래서 면천에 갈 때면 스윽 들러 스윽 걷곤 한다. 책방에 들른 후라면 숲에서 새로 산 책을 읽기도 한다. 《나무를 심은 사람》도 언젠가 책방에서 추천을 받은 책이다.

작고 소박한 이 숲에 늘 마음이 간다. 서로가 서로에게 선한 영향력이 된 마을 주민들이 만들어서다. 방치되어 있던 숲을 주민자치회가 직접 정비하고 흙을 고르며 길을 냈다. 누가 시킨 일도 아닌데 묵묵히 자신이 할 수 있는 일들을 했다. 그랬더니 조금씩 입소문을 타기 시작했고, 당진시는 여름 여행지로 이 숲을 추천하는 보도 자료를 냈다. 찾는 사람이 많아지면서 숲은 또 한 번 새 단장을 했다. 비밀의 문을 닮은 포토존이 생겼고 귀여운 가랜드도 걸렸다. 앞으로도 마을과 숲은 계속 변화하지 않을까. 천천히 그려 갈 그들의 새로운 이야기가 기대된다. 면천은 '부피에'들이 사는 마을이니 말이다. 그리고 이제, 부피에들이 아껴 다듬은 이 대숲바람길도 온라인 지도 위에 자리를 잡았다.

대나무

대나무는 곧음을 상징한다. 바람에 흔들리면서도 부러지는 않아서다. 그래서 꼿꼿하고 원칙대로 행동하는 이를 두고 '대쪽 같다'라고도 한다. 국립수목원 자료에 따르면 이토록 강직한 대나무는 벼과에 속한다고. 우리가 아는 그 벼와 친척인 셈이다. 벼과는 줄기가 둥글고 마디 사이가 비어 있다. 대나무는 그 특징을 지니면서도 줄기는 딱딱하다. 속이 비었으니 나이테도 없다. 다른 나무들처럼 몸집을 계속 키우지도 않는다. 그래서 대나무를 두고 '나무처럼 자라는 풀'이라고도 한다.

대나무는 풀일까, 나무일까. 그 궁금증은 오래전부터 있어 왔다. 고산 윤선도가 지은 조선 시대 시조 <오우가(五友歌)>에도 이런 대목이 나온다. '나무도 아닌 것이 풀도 아닌 것이 곧기는 누가 시켰으며, 속은 어찌 비었는가?' 식물 분류상으로는 벼과의 풀임을 확인했지만, 문득 그런 생각이 든다. 어디에 속하는지가 중요할까?

《나무를 심은 사람》 속 '부피에'는 누가 뭐라고 하든 묵묵히 나무를 심었다. 면천에 모여든 사람들도 자신의 삶을 살면서 자신이 할 수 있는 일을 한다. 대나무도 마찬가지다. 풀이든 나무든 그것은 어디까지나 인간이 만든 기준에 불과하다. 그런 것에 신경 쓰지 않고 대나무는 쑥쑥 잘 자라나고 있다. 그러니 누군가 정해 놓은 틀대로 살지 못한다 해도 불안해할 필요는 없다. 그저 지금, 내가 할 수 있는 일을 하는 게 중요하니까. 내게도 '부피에'가 될 소질이 조금은 있나 보다.

from GREEN •

골정저수지

고려 시대에는 벽골지, 조선 시대부터 골정지라고 불린 역사 깊은 저수지다. 저수지 둘레에는 산책로도 잘 조성되어 있다. 산책로에서 다리를 건너면 건곤일초정이라는 정자가 나온다. 조선 후기의 실학자 연암 박지원이 세운 곳으로, 이름은 두보의 시에서 따왔다고 한다. 봄에는 벚꽃, 여름에는 연꽃이 만발하는 아름다운 곳이다.

주소 충남 당진시 면천면 성상리 **문의** 041-350-3891~3(당진시 관광안내소)
홈페이지 www.dangjin.go.kr/tour.do

콩국수 거리

여름이면 면천을 찾는 발길이 많아진다. 콩국수를 먹기 위해서다. 예로부터 면천에선 쌀만큼 콩이 많이 나서 콩국수가 유명하다. 식당마다 특징이 달라 부추나 쑥을 넣은 면, 서리태를 사용한 진한 콩국 등 서로 다른 맛의 콩국수를 즐길 수 있다. 한여름 무더위를 날려 줄 별미다.

주소 충남 당진시 면천면 성상리 930-1 면천읍성 일대

영탑사

신라 시대 도선 국사가 창건했다고 전해지는 사찰이다. 약사여래상은 3m 규모의 자연 암석에 새겨진 마애불상이다. 고려 말, 무학 대사가 기이한 바위가 빛을 발하고 있음을 심상치 않게 여겨 여기에 불상을 새겼다. 실제로 보면 그 크기에 압도되고 섬세함에 놀라게 된다.

주소 충남 당진시 면천면 성하로 139-33 **문의** 041-356-3204

보문정

경주엑스포대공원

the GREEN #05

서울
여의도샛강생태공원

•

화려하고 복잡한 여의도
그곳에서 만난 서울의 아마존
사람도 생태계의 일부니까
그 안에서 즐기는 자연스러운 쉼
―

• Info •
주소 서울 영등포구 여의도동 49
문의 02-3780-0570
운영시간 상시 개방 | 연중무휴
입장료 무료
주차료 주차장별 상이
대중교통 지하철 5호선 여의도역, 1호선 신길역, 9호선 샛강역 등

• 여의도한강공원 •

여의도 고층 빌딩 숲 한복판, 뜻밖의 초록빛 세상이 펼쳐진다. 서울의 아마존이라는 별명이 붙은 이곳은 1997년에 우리나라 최초로 조성된 생태공원인 샛강생태공원이다. 샛강생태공원의 가장 큰 매력 중 하나는 바로 뛰어난 접근성이다. 신길역(1·5호선), 여의도역(5·9호선), 샛강역(9호선), 대방역(1호선)에서 쉽게 갈 수 있다. 그중 선택한 출발지는 신길역이다. 2번 출구에서 나와 문화다리를 건넌다. 문화다리는 신길동과 여의도를 잇는 보행자 전용 다리로, 여의도의 마천루와 샛강생태공원을 함께 보기 좋은 전망 포인트다. 다리 위에서 끝이 보이지 않을 만큼 이어지는 초록을 감상하며 걷다가 중간 지점에서 계단을 내려가면 바로 숲에 도착한다.

다리에서 아래로 내려왔을 뿐인데 나무가 무성하다. 잘 닦인 길 대신 나무 사이사이로 난 흙길이 눈에 띈다. 정제된 편안함 대신 꾸미지 않은 자연스러움이 주를 이룬다. 서울시는 공원을 조성할 당시 샛강에 군락을 이루고 있던 버드나무와 갈대, 억새 등 기존의 환경을 보존하고 활용했다. 가까운 지하철 역사에서 나오는 지하수를 활용해서 연못을 만들기도 했다. 수자원을 재활용하고 에너지 비용을 절감한 친환경적인 방법이었다. 만들 때부터 자연을 생각하는 마음이 담긴 샛강생태공원은 서울 도심의 생태 낙원으로 자리 잡았다.

국회 뒤로 흐르는 샛강부터 가양대교까지 이어지는 샛강생태공원은 18만 2천㎡의 면적을 자랑한다. 산들산들 산책하듯 걸으면 2시간가량 걸린다. 넓은 만큼 공원에서 만나는 풍경과 경험도 다채롭다. 한강과 샛강이 만나는 구간에서는 도시의 경관을, 억새 군락지와 버드나무 군락지에서는 무성하게 자라는 숲을, 뽕나무와 팽나무 아래에선 그늘이 드리운 예쁜 오솔길을, 공원 외곽에 설치된 자전거 도로에서는 길게 이어지는 미루나무를 볼 수 있다. 동물 친구들도 숲 곳곳에서 생활하는 중이다. 원앙, 흰뺨검둥오리, 두꺼비와 맹꽁이 등 도심에서는 쉽게 접하기 힘든 동물들이 이곳에서 살아간다.

서울에서 만난 거대한 자연에 감탄하며 길을 걷는다. 사실은 한 번에 열 걸음을 나아가기도 쉽지 않다. 그동안 많이 보았음에도 신경 쓰지 않고 그냥 지나쳤던 나무들이 새삼 눈에 들어와서다. 이 나무는 뭔데 열매가 이렇게 많지? 아, 뽕나무구나. 예쁘게 흩날리는 이 나무는 수양버들이구나. 나무를 찾아보고 감탄하느라 걸음은 더디기만 하다. 자연을 그대로 받아들이면 되지, 그 이름이 중요하겠냐마는 눈에 보이니 호기심이 생긴다. 더 궁금하고 더 알고 싶다. 마침 샛강생태공원에서는 계절마다 생태프로그램을 운영 중이다. 봄에는 봄꽃과 철새, 여름에는 습지공원의 자생식물, 가을에는 저마다의 색으로 물든 자연, 겨울에는 추운 날씨 속 생태의 변화를 관찰한다. 수달의 분비물을 따라 샛강을 여행하는 특별 프로그램도 있다. 서울 한복판에서 수달이라니, 깊고 깨끗한 생태계를 이루었다는 증거다. 자연을 향한 호기심이 가득한 이곳은 도시와 자연의 공존이 가능함을 보여 주는 건강한 숲, 여의도샛강생태공원이다.

deep GREEN •

버드나무

문화다리에서 보이는 샛강생태공원의 초록. 그중 많은 부분을 차지하는 나무는 바로 버드나무다. 샛강생태공원에는 넓은 버드나무 군락지가 형성되어 있다. 일부러 심은 것도 아닌데 길고 깊게 늘어선 버드나무 숲이 특징이다. 버드나무에 속하는 식물들은 물을 좋아해서 물가 어디에서든 잘 자란다. 물을 따라 조성된 샛강생태공원은 버드나무가 살기에 더없이 좋은 환경이다. 셀 수도 없는 버드나무들이 군락을 이룬 이유다.

버드나무는 높이 20m, 지름 80cm까지 자란다. 녹색의 가지는 밑으로 처지면서 자라고, 가지에서 나는 잎은 길고 좁고 뾰족하다. 덕분에 바람에 흩날리는 모습이 아름답다. 버드나무 중에서도 유난히 가지가 아래로 늘어진 나무는 수양버들이다. 샛강생태공원에는 특히 수양버들이 많다. 습지에서 자라는 수양버들은 공해와 추위에 강하고 생장 속도도 빠른 편이다. 그래서 샛강생태공원의 버드나무 군락지는 유독 깊은 숲이다. 햇빛이 한 줄기도 들지 않는 구간이 있을 정도다.

어디서나 잘 자라는 버드나무는 생명력과 재생, 회복을 상징하기도 한다. 버드나무로 낫자루를 만들면 거기에서도 연두색 가지가 솟아난단다. 불교에서는 관음보살이 버드나무 가지를 들고 병을 물리쳐 중생을 구한다는 얘기도 전해진다. 한방에서는 버드나무 껍질과 뿌리를 통증을 가라앉히는 약으로 쓰기도 한다. 버드나무가 잔뜩 자라는 샛강생태공원은 그 존재만으로도 바쁜 현대인을 치유하는 명약인 셈이다.

from GREEN •

선유도공원

과거 정수장이었던 곳에 조성된 국내 최초의 환경 재생 생태공원이다. 기존 정수장 시설물들을 재활용해 자연 친화적인 공간을 구현했다. 수생식물원, 시간의 정원 등 다양한 테마 공간이 조성되어 있으며, 특히 선유도로 들어가는 다리 '선유교'는 서울의 스카이라인과 한강을 한눈에 조망할 수 있는 명소로 손꼽힌다.

주소 서울 영등포구 선유로 343 **문의** 02-2631-9368 **운영시간** 06:00~24:00(연중무휴)
홈페이지 http://parks.seoul.go.kr/seonyudo

국립서울현충원

순국선열과 호국영령이 잠든 국립묘지로 엄숙한 추모의 공간이다. 동시에 소나무, 느티나무, 은행나무 등이 울창하게 어우러진 녹지 공간이다. 그중 수양벚나무는 약 80주가 식재되어 군락을 이룬다. 서울의 유일한 수양벚나무 군락지라고. 현충천을 따라 걸으면 고즈넉한 분위기 속에서 아름다운 풍경을 감상할 수 있다.

주소 서울 동작구 현충로 210 **문의** 1522-1555 **운영시간** 06:00~18:00(연중무휴)
홈페이지 www.mpva.go.kr/snmb/www/index.do

서울식물원

축구장 70개 크기인 50만 4천㎡ 면적을 자랑하는 대규모 식물원이다. 열대·지중해 기후의 식물들이 가득한 온실이 가장 상징적인 공간이다. 스카이워크를 걸으며, 공중에서 커다란 식물들을 바라보는 재미가 있다. 그 외에도 식물 전문 도서관과 씨앗 도서관, 식물을 판매하는 기프트샵 등 볼거리가 다채롭다.

서울 강서구 마곡동로 161 **문의** 02-2104-9716 **운영시간** 09:30~18:00(동절기 17:00) **휴무** 매주 월요일 **입장료** 어른 5,000원, 청소년(만13세~만18세) 3,000원, 어린이(만6세~만12세) 2,000원
홈페이지 https://botanicpark.seoul.go.kr

선유도공원

서울식물원

the GREEN #06

서울
청계천

·

도시 한복판에서 만나는
새하얀 꽃의 향연
바쁜 발걸음 사이사이
하늘을 보게 하는 고마운 꽃길

―

· Info ·

주소 서울 중구 태평로1가 1(청계광장)
문의 02-2290-7114(서울시설공단)
운영시간 상시 개방 | 연중무휴
입장료 무료
주차료 인근 유료 주차장 이용
대중교통 지하철 5호선 광화문역 5번 출구에서 도보 약 5분

· 청계천 ·

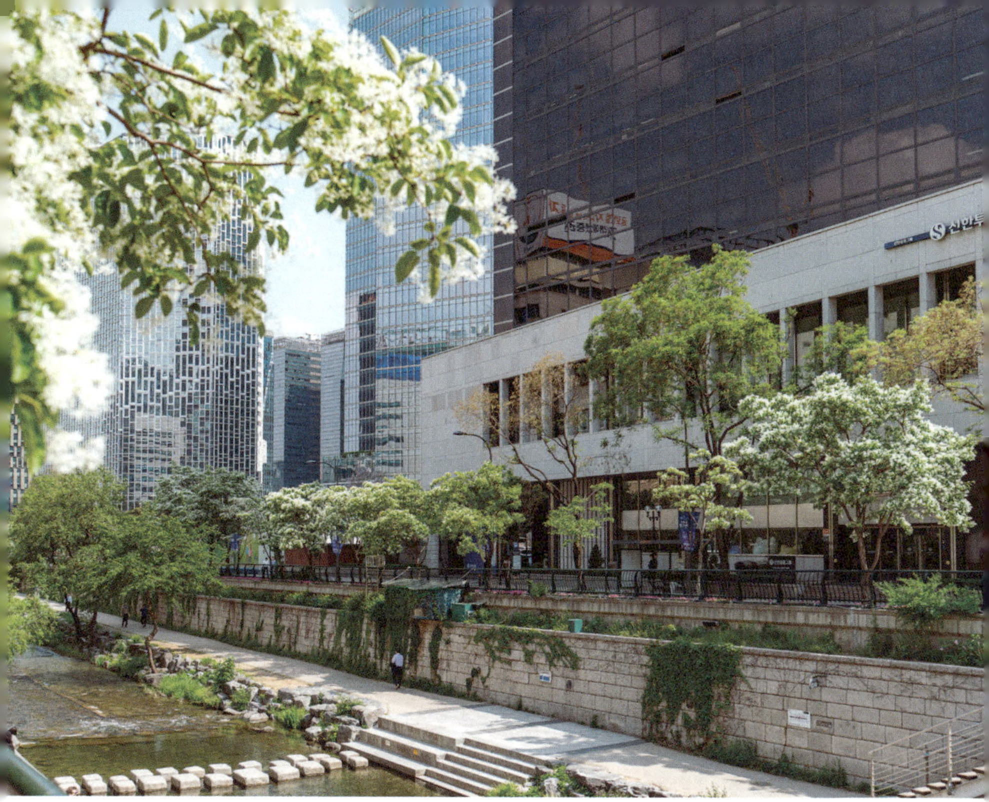

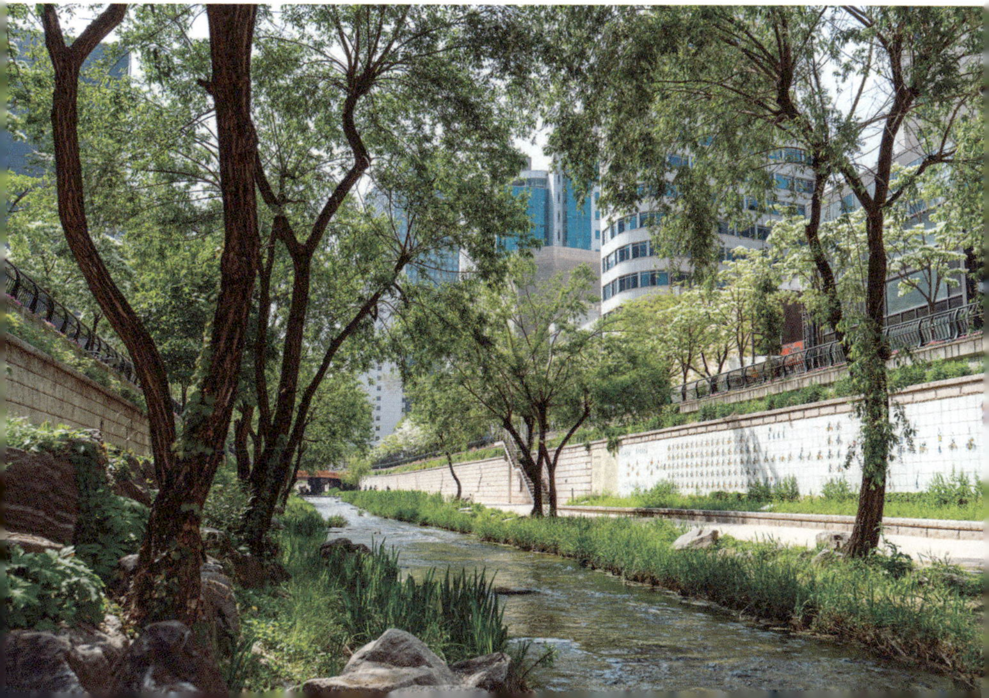

자연은 잠시 보는 것만으로도 쉼이 된다. 싱그러운 초록에 눈은 편안해
지고 마음은 잠깐이나마 여유를 갖는다. 도심에서는 공원과 가로수가 이
역할을 한다. 빽빽한 빌딩 사이를 오가는 중에도 자연을 경험하게 하는 고
마운 공간들이다. 서울 도심을 가로지르는 청계천도 그렇다. 시원하게 흐
르는 천 옆에서 사람들은 책을 읽고 산책을 한다. 더운 여름엔 발을 담그고
열기를 식히는 이들도 많다. 바쁜 일상 속, 잠시 숨을 고르는 공간. 이만큼
청계천을 잘 설명하는 말이 또 있을까.

시민들에게 청계천은 자연과 문화가 공존하는 장소다. 청계천의 시작점
인 청계광장은 서울시청과도 가까워 다양한 행사의 주요 무대가 된다. 여행
자에게 청계천은 서울의 매력을 보여 주는 훌륭한 여행지다. 높이 솟은 빌
딩 사이로 쭉 뻗은 하천을 사진으로 담고, 하루의 목적지로 삼아 일부러 천
을 따라 걷곤 한다. 밤이면 여기저기 조명에 불이 들어오면서 신비로운 분
위기를 자아낸다. 기분 좋게 바람이 불고, 물은 졸졸 소리를 내며 흘러가고,
청계천을 바라보는 사람들의 눈은 반짝인다. 조명, 온도, 습도 그 모든 게
완벽하다.

청계천을 즐기는 방법은 여러 가지다. 차도 옆 인도를 걸으며 청계천을
따라가거나, 계단을 내려가서 천 바로 옆을 걷거나, 광교나 삼일교 등 다리
에서 내려다보거나. 물론 자리를 잡고 털썩 앉아서 쉬는 것도 좋다. 봄과 여
름 사이에 청계천에 간다면 인도를 따라 걷기를 택하곤 한다. 괜히 한 정거
장 전에 내려 청계천을 따라 목적지로 향하기도 한다. 이팝나무 가로수길을
감상하기 위해서다.

이팝나무에 꽃이 피는 5월이 되면 많은 것이 달라진다. 나무에 하얀 쌀

알이 조롱조롱 매달리기 시작한다. 팝콘 같기도, 눈 같기도 한 꽃이 만개하면 가로수길은 하얗게 물든다. 그때, 사람들의 걸음이 느려지고 스마트폰 화면만 보던 시선이 자연스럽게 하늘로 향한다. 계절의 변화를 알아차리는 순간이다.

이팝나무의 개화 기간은 약 20일. 그동안 청계천은 더욱 특별한 공간이 된다. 꽃을 보는 이에게도, 그 모습을 바라보는 이에게도. '와아―' 하는 탄성과 함께 얼굴 가득 웃음을 짓는 이들을 보니 덩달아 입꼬리가 올라간다. 이팝나무에 모든 감각을 맡기는 동안 모두의 행복이 차오른다. 그게 불과 몇 초에 불과할지라도 행복의 여운은 오래 남는다.

이팝나무가 꽃을 피우는 시기는 부처님 오신 날과도 맞물린다. 이즈음이면 청계천에 형형색색의 연등이 걸리고 이팝나무는 새하얀 꽃을 터뜨린다. 낮에는 하얀 꽃이, 밤에는 화려한 연등이 청계천을 밝힌다. 빨강, 노랑, 파랑 연등과 하얀 이팝나무 꽃이 어우러진 풍경은 청계천에서만 볼 수 있는 특별한 장면이다.

이팝나무

이팝나무는 공해와 병충해에 강하고 꽃가루도 날리지 않아 최근 가로수로 인기가 많다. 2023년 기준 서울의 가로수 29만 4,668그루 중에서 이팝나무가 2만 5,613그루다.

2018년(1만 7,639그루)보다 45%나 늘었다. 그 시작에 청계천이 있다. 2005년 당시, 서울 시에서 처음으로 이팝나무 가로수를 심은 곳이 바로 청계천이다.

이팝나무는 5월경, 흰색 꽃이 나무 전체를 덮을 만큼 풍성하게 피어나는 것이 특징이다. 길쭉한 모양의 꽃잎이 무리 지어 피기에 멀리서 보면 마치 쌀밥을 소복하게 담아 놓은 것처럼 보이기도 한다. 이팝나무라는 이름도 여기에서 유래했다. 꽃의 모양이 마치 이밥, 즉 입쌀로 지은 밥 같아서다. 꽃이 밥알을 닮아서일까. 과거 이팝나무는 풍요와 길조를 상징하기도 했다. 이팝나무에 꽃이 가득 피어나면 그해는 풍년이라고 예상했다. 이팝나무 꽃을 보면 괜스레 기분이 좋아지더라니, 그 이유를 알겠다. 이팝나무. 밥심으로 사는 한국인에게 너무나 잘 어울리는 나무다.

from GREEN •

종묘

조선왕조 역대 왕과 왕비의 신주를 모신 유교 사당이다. 유네스코 세계유산으로 등재된 곳으로, 장엄한 건축물과 고즈넉한 숲이 어우러진 공간이다. 2020년부터 이어진 대규모 보수공사가 올해 4월에 완료되었다. 매년 5월 첫째 주 일요일에는 종묘대제가 진행된다.

주소 서울 종로구 종로 157 **문의** 02-765-0150 / 0195 **운영시간** 2월~5월, 9월~10월 09:00~18:00, 6월~8월 09:00~18:30, 11월~1월 09:00~17:30 **휴무** 매주 화요일 **입장료** 어른 1,000원 (만24세 이하, 만65세 이상 무료) **홈페이지** https://royal.khs.go.kr/jm

백인제가옥

북촌 한옥마을에 위치한 근대 한옥이다. 1913년에 지어져 당시의 건축 양식과 생활상을 엿볼 수 있다. 전통 한옥의 미는 유지하되 벽돌과 유리창 등 근대적인 요소를 받아들인 독특한 건물이다. 북촌이 내려다보이는 별당채가 특히 아름다운데, 전시 해설 예약을 한 이에게만 허락된 공간이다. 예약은 서울시 공공예약 홈페이지에서 가능하다.

주소 서울 종로구 북촌로7길 16 **문의** 02-724-0200 **운영시간** 09:00~18:00 **휴무** 매주 월요일 및 1월 1일 **홈페이지** https://yeyak.seoul.go.kr(전시 해설 예약 서울시공공예약)

열린송현녹지광장

담장에 둘러싸여 닫혀 있던 곳이 2022년에 개방되면서 열린 공간이 되었다. 과거 미군 및 미 대사관으로 사용되었으나 넓은 잔디밭과 산책로, 벤치가 놓인 공원으로 탈바꿈했다. 계절마다 색색의 야생화가 피어나 가볍게 산책하기에 좋다.

주소 서울 종로구 송현동 48-9

백인제가옥

열린송현녹지광장

숨 쉼 — 김 기 쁨

서울
효창공원

•

역사가 깃든 공원
숭고한 정신을 기리는
무궁화 다섯 그루
그 앞에서 맞는 감사의 시간

—

• Info •

주소 서울 용산구 효창원로 177-18
문의 02-2199-7594(용산구청 공원녹지과)
운영시간 상시 개방 | 연중무휴
입장료 무료
주차료 효창운동장 주차장 이용(유료)
대중교통 6호선, 경의중앙선 효창공원앞역 1번 출구에서 도보 약 10분

• 효창공원 •

효창공원은 흔히 떠올리는 여가 공간과는 사뭇 다른, 묵직한 역사를 품고 있는 곳이다. 과거 정조의 큰아들인 문효 세자와 세자의 어머니인 의빈 성씨, 순조의 후궁 숙의 박씨와 그 딸인 영온 옹주의 묘지가 있던 장소다. 원래 이름은 효창원(孝昌園)이었으나, 일제강점기에 묘가 모두 서삼릉으로 강제 이장되었고 효창원은 공원으로 격하되었다.

해방 이후에는 조국 독립을 위해 헌신한 독립운동가들의 묘역이 공원 안에 조성되었다. 1946년 백범 김구 선생이 윤봉길, 이봉창, 백정기 의사의 유해를 이곳에 안장하고, 1949년 7월에는 김구 선생도 이곳에 잠들었다. 임시정부에서 활약한 이동녕, 차리석, 조성환 선생의 묘도 효창공원에 있다.

효창공원에 오면 습관처럼 삼의사 묘역에 들른다. 삼의사 묘역이 사의사 묘역이 되는 날이 오길 바라는 마음 때문이다. 삼의사 묘 옆엔 안중근 의사의 가묘가 있다. 가묘는 유해를 찾으면 모실 수 있도록 미리 만들어 둔 자리다. 하얼빈 의거 이후 뤼순 감옥에서 처형된 안중근 의사의 유해는 아직도 찾지 못한 채다.

묘역 앞은 공원 산책로다. 소나무와 전나무가 울창해 걷기 좋은 길이 공원 둘레를 따라 이어진다. 농구장과 배드민턴장, 벤치와 쉼터도 있어 가족 단위도 많이 찾는다. 평화로운 웃음소리가 가득할 때는 다른 공원과 크게 다르지 않다. 그러다 가끔 다른 모습이 눈에 들어온다. 길을 걸으며 운동하는 주민들은 한 번씩 묘역을 향해 묵례를 한다. 꽤 오래 묵념을 하는 이도 있다. 효창공원에서만큼은 익숙한 풍경이다.

여름이 되면 이곳엔 특별한 무궁화가 핀다. 김구·백정기·안중근·윤봉길·이봉창, 다섯 독립운동가를 기리는 다섯 그루의 무궁화다. 단순히 이름만

붙은 나무가 아니다. 각 인물을 상징하는 조형물이 나란히 조성되어 의미를 더한다.

김구 무궁화는 동그란 안경, 백정기 무궁화는 중절모와 함께. 안중근 무궁화 표석에는 이토 히로부미를 쏜 총의 번호, 윤봉길 무궁화 표석에는 그가 폭탄을 던진 시간 11시 40분, 이봉창 무궁화 표석에는 '소년 이봉창이 뛰고 놀던 효창공원에 터를 닦아 꽃은 땅에, 우리 가슴에는 잔디를 심는다.'라는 문구가 새겨졌다.

효창공원에 잠든 독립운동가들은 짧은 생애를 조국에 온전히 바쳤다. 아침에 피어나 하루를 온전히 살고 저녁에 떠나는 무궁화처럼. 광복절 일주일 전인 8월 8일은 무궁화의 날이다. 8이 옆으로 누운 모습이 무궁(無窮), 즉 무한대(∞)를 상징한다는 의미를 담은 날짜다. 무궁화가 한창 피어나는 그날, 다시 효창공원을 거닐어 보려 한다. 오늘 내가 편히 쉴 수 있음에 깊은 감사를 전하면서.

무궁화

백정기 의사는 "조국의 자주독립이 오거든 나의 유골을 동지들의 손으로 가져다가 해방된 조
국 땅 어디라도 좋으니 묻어 주고 무궁화 꽃 한 송이를 무덤 위에 놓아 주기 바라오"라는 말을
남겼다. 그의 간절한 바람을 실은 꽃, 무궁화는 대한민국의 나라꽃이다. 7월부터 10월까지
꽃이 오래 핀다. 한 그루에서 보통 2~3천 송이씩, 날마다 새로운 꽃이 계속 피어나 무궁(無
窮)이라는 이름이 붙었다. 이러한 모습은 끈기와 번영을 상징하기에 우리 민족의 의지와 정신
을 나타내는 꽃으로 여겨진다. 무궁화의 꽃말 또한 끈기, 영원, 일편단심이다.

무궁화는 높이 2~4m까지 자라는 낙엽관목으로 많은 줄기를 가진 꽃나무다. 봄에 새잎이 나
고 여름에는 꽃을 피우다가 기온이 낮아지면 잎을 떨어뜨려 살아남는다. 계절에 따라 그 모
습이 변화하기에 예로부터 정원수로도 많이 심었다. 같은 낙엽관목에 속하는 개나리, 병꽃나
무, 찔레꽃 등과 달리 여름에 꽃이 피는 것도 특징이다.

무궁화는 추위와 더위에도 강하다. 병충해도 적고 종자도 많이 채취할 수 있기에 번식력이
좋다. 약 100일 동안 꽃이 피고 지기를 반복하기에 빛만 잘 든다면 특별히 좋은 환경이 아니
어도 잘 자라는 편이다.

from GREEN •

국립중앙박물관

국내 최대 규모의 박물관이다. 선사시대부터 근현대에 이르기까지 약 40만 점 이상의 유물을 소장하고 있으며, 그중 일부를 상설전시로 공개 중이다. 두 점의 반가사유상을 나란히 전시한 사유의 방을 비롯해 작품 감상에 집중하기 좋은 전시실을 갖추었다. 연못과 정원 등도 조성되어 도심에서 여유로운 문화 여행을 즐길 수 있다.

주소 서울 용산구 서빙고로 137 **문의** 02-2077-9000 **운영시간** 월·화·목·금·일 10:00~18:00, 수·토 10:00~21:00 **휴무** 1월 1일, 설날 및 추석 당일 **입장료** 무료 **홈페이지** www.museum.go.kr

남산공원

자연과 도시 전경이 어우러진 서울의 명소다. 서울의 상징이자 야경 명소인 서울타워가 공원 정상에 있으며, 안중근 의사 기념관, 남산 야외식물원, 남산골 한옥마을 등 볼거리가 다양하다. 남산순환버스나 케이블카, 또는 도보로 올라갈 수 있다.

주소 서울 중구 삼일대로 231 남산제1별관 | **문의** 02-3783-5900
홈페이지 https://parks.seoul.go.kr/namsan

덕수궁

서울 시청 앞에 자리한 조선 시대 궁궐로, 대한제국 시기의 흔적을 고스란히 간직한 곳이다. 전통적인 궁궐과 서양식 석조 건물이 공존하는 게 특징이다. 특히 대한제국 시기 서구 문물의 유입을 보여 주는 석조전은 덕수궁의 대표 건축물이다. 해가 진 후에는 아름다운 조명 아래 고궁의 밤 풍경을 즐길 수 있다.

주소 서울 중구 세종대로 99 **문의** 02-771-9951 **운영시간** 09:00~21:00 **휴무** 매주 월요일 **입장료** 어른 1,000원(만24세 이하, 만65세 이상 무료) **홈페이지** https://royal.khs.go.kr/dsg

국립중앙박물관

덕수궁

the GREEN #08

수원
효원공원 월화원

•

수원에서 만난 진짜 중국
수려한 동양화 사이로
붉은 꽃송이가 건네는
여름날의 이국적 안부

—

• Info •

주소 경기 수원시 팔달구 동수원로 399
문의 1899-3300(수원시 콜센터)
운영시간 09:00~22:00 | 연중무휴
입장료 무료
대중교통 수인분당선 수원시청역에서 도보 약 10분

• 효원공원 •

수원 도심, 빌딩 숲 사이에 중국 한 조각이 숨어 있다. 효원공원에 자리한 월화원(月華苑)이다. 2003년 10월 경기도와 중국 광둥성이 체결한 '우호 교류 발전에 관한 실행 협약'에서 상대 도시에 한국과 중국의 전통 정원을 짓기로 한 약속에 따라 만들었다. 중국 노동자 80여 명이 직접 와서 광둥 지역의 전통 건축 양식으로 지었다. 여담으로 경기도 역시 광둥성에 공원을 조성했다. 광저우 웨시우공원(越秀公園)에 위치한 해동경기원(海東京畿園)이다.

월화원(粤華苑)이라는 이름에는 광둥성의 정체성이 담겼다. 광둥지방을 뜻하는 한자 粤을 쓴 월화원의 의미는 '광둥성의 빛나는 정원'이다. 설계도 광둥성에서 직접 했다. 명나라 말기에서 청나라 초기의 정원 양식으로 조성되어 회랑을 따라 이어지는 창틀이나 기와, 내부 장식 등 세밀한 부분에서도 중국의 분위기를 고스란히 느낄 수 있다. 단순히 중국을 흉내 낸 게 아니기에 마치 중국 현지에 온 듯한 착각을 불러일으킨다. 중국에 가 본 적이 없으니, 중국에 가 보고 싶게 만든다는 게 맞는 표현이려나.

월화원의 이국적인 정문에 들어서면 그때부턴 중국이 펼쳐진다. 양쪽으로 이어지는 회랑과 연못 위를 지나는 다리, 독특한 아치형의 문과 담장이 낯설다. 익숙하지 않은 풍경 속, 여러 갈래로 나뉜 길을 보며 멈칫하는 것도 잠시, 어디로 가도 모든 공간을 볼 수 있음을 알게 된다. 모든 건물과 정원이 빠짐없이 서로 이어진 덕분이다.

특히나 창문 너머로 정원을 보는 재미가 쏠쏠하다. 여러 형태로 뚫린 창들은 그 자체로 액자가 되어 풍경을 그림처럼 담는다. 회랑을 따라 그저 걸을 뿐인데, 창문의 모양이 달라지고 그 안의 장면이 새로워진다. 창과 문이

액자 같아서 월화원의 경관은 유독 그림 같다.

어딜 봐도 동양화 같은 월화원의 백미는 커다란 인공 연못이다. 중국식 건물과 버드나무, 돌로 만든 다리와 산책로가 어우러진 모습이 수려하다. 평일 오전, 오고 가는 사람도 하나 없으니 공기마저 잔잔하다. 연못을 만드느라 파낸 흙으로는 가산(假山)이라는 언덕을 만들고 그 정상에 우정(友亭)이라는 정자를 지었다. 우정에 오르면 정원 전체가 한눈에 들어온다. 높이와 무관하게 정말 산 정상에 오른 듯하다.

여름이 깊어지면 월화원은 또 한 번 새로운 모습을 보여 준다. 곳곳에서 배롱나무가 붉은 꽃을 피우기 때문. 차분한 톤의 건물 사이로 진분홍 꽃이 피어나면 동양화의 미는 절정에 달한다. 여름의 초입에 한 번, 중턱에 또 한 번 월화원을 찾는 이유다. 월화원을 한 바퀴 돌아보는 데 걸리는 시간은 1시간 남짓. 일상과 거리를 두고 이국의 정취를 만끽하기에 충분한 시간이다. 언제든 훌쩍, 배롱나무 가득한 중국으로 떠날 수 있다니. 정말 부럽다, 이 동네 사람들.

배롱나무

배롱나무는 흔히 백일홍 나무라고도 불린다. 7월부터 9월까지 약 100일 동안 꽃을 피워서다. 한 송이가 100일간 버티는 것은 아니고, 가지에서 새 꽃이 계속해서 피어난다. 지치지 않고 꽃이 피고 지길 반복한다니. 그 노력을 미처 알지 못하고 한 계절 내내 그 자리를 지킨다고만 생각한 게 미안해진다. 매끈한 줄기도 배롱나무의 특징이다. 일본에서는 배롱나무를 '사루스베리(猿滑り)'라고 부른다. 원숭이도 미끄러지는 나무라는 뜻이다.

배롱나무는 우리나라 전역에서 쉽게 볼 수 있는 꽃나무지만, 원산지는 중국이다. 중국에서의 이름은 자미화(紫薇花)로, 당나라의 현종(玄宗)이 배롱나무를 매우 사랑했다고 전한다. 그래서 황제의 명으로 정책을 만들던 기관 중서성(中書省)에 배롱나무를 심고 이름을 자미성(紫薇省)으로 바꾸기도 했다. 중국에서는 임금의 별인 북극성을 자미성(紫微星)이라고도 불렀다. 즉, 배롱나무는 황제를 상징하는 꽃이었다.

황제의 권위와 존엄성을 상징하는 나무를 아무 곳에나 심지는 않았을 거다. 실제로 중국에서 배롱나무는 궁궐과 관청에 심는 대표적인 나무다. 광둥성은 월화원의 건축물과 조경 모두를 설계했다. 전통정원 양식을 본떠 조성된 월화원에 배롱나무를 식재한 것은 이곳이 그만큼 귀한 장소라는 의미가 아닐까.

from GREEN •

효원공원 토피어리원

월화원 맞은편에 위치한 토피어리원은 나무를 동물 모양으로 다듬어 놓은 정원이다. 공룡과 악어, 오리 등 다양한 크기의 동물 모양 나무가 숲 곳곳에 숨어 있다. 배롱나무도 있어서 월화원과 함께 둘러보기에 좋다. 이국적인 아름다움과는 또 다른 매력이 느껴진다.

주소 경기 수원시 팔달구 동수원로 397

수원화성

유네스코 세계문화유산으로 지정된 수원화성은 조선 정조 시대에 축조된 성으로, 한국 성곽 건축의 백미로 꼽힌다. 화성행궁, 방화수류정 등 주요 건축물들은 그 자체로도 뛰어난 아름다움을 자랑한다. 밤이면 성곽에 설치된 조명이 멋진 야경을 선사한다. 주변에는 전통문화 체험 공간과 예쁜 카페들이 많다.

주소 경기 수원시 장안구 영화동 320-2 **문의** 031-290-3600(수원문화재단)
홈페이지 www.swcf.or.kr

광교호수공원

2014년, 대한민국 경관대상을 수상할 만큼 수려한 자연경관을 자랑하는 도심 속 휴식 공간이다. 광활한 호수를 중심으로 산책로, 자전거 도로, 수변 카페 등이 잘 조성되어 있어 시민들의 편안한 여가 활동을 돕는다. 6.5km 코스의 순환 보행로와 1.6km의 수변 공간 어반 레비(Urban Levee)를 걸으며 호수를 가까이에서 즐길 수 있다.

주소 경기 수원시 광교호수공원로 102 **문의** 070-8800-2460 **홈페이지** www.gglakepark.or.kr

효창공원 토피어리원

수원화성

the GREEN #09

울산
울산대공원

•

공업 도시는 이제 그만
울창하게 이어진 숲길
나무와 시민들이 어우러진
일상이 여행이 되는 이야기

—

• Info •

주소 울산 남구 대공원로 94
문의 052-271-8816~20
운영시간 05:00~23:00 | 매주 월요일 휴무
입장료 무료
주차료 소형 기준 최초 30분 500원, 초과 10분당 200원, 1시간 1,000원(대형은 소형의 2배)
대중교통 울산역에서 19km, 차량 이용 약 20분

• 울산대공원 •

"울산에 센트럴파크가 생긴다네!"

2006년, 커다란 공원이 생긴다는 소식에 울산이 술렁였다. 고향이 울산인 나 역시 들뜨기는 마찬가지였다. 태화강 국가정원이며 십리대숲길 덕분에 지금이야 울산의 자연을 감상하러 가는 이들이 많지만, 그때 울산의 이미지는 그저 공업도시였다. 그런 도시에 공원의 등장이라니, 심지어 전체 면적 364만㎡로 미국 뉴욕의 센트럴파크(340만㎡)보다 크다니!

이 거대한 공원이 가장 붐비는 시기는 5월이다. 매년 5월이면 울산의 시화인 '장미'를 주인공으로 한 울산대공원 장미축제가 열린다. 265종 300만 송이의 장미가 피어나는 울산의 대표적인 축제다. 올해도 12만 명의 관람객이 장미를 보기 위해 울산대공원을 찾았다.

고백하자면 울산대공원에 가 본 것은 한 번뿐이었다. 울산대공원이 문을 연 그 해, 부모님과 함께 제1회 장미축제를 둘러본 기억이 전부다. 봄날의 밤, 반짝이는 조명을 받은 장미는 빛보다 화려했고, 수없이 피어난 장미보다 사람이 더 많았다. 그리고 장미가 흐드러지던 그날로부터 20여 년이 지나 올해 다시 공원을 찾았다. 공교롭게도 장미축제가 열리는 중이었다. 여전히 꽃보다 사람이 많았다. 번잡함을 피하고 싶어서, 안 가 본 길을 걷고 싶어서 축제장을 뒤로 하고 장미원과 가장 먼 곳으로 향했다. 그렇게 도착한 곳은 느티나무 산책로였다.

조금 전까지의 번잡함은 어디로 다 사라졌을까. 산책로는 차분하고 평화롭다. 커다란 느티나무가 길게 이어져 시원한 그늘을 만든다. 그 아래로 보이는 건 손을 꼭 잡고 천천히 걷는 노부부, 벤치에 앉아 책을 읽거나 가볍게 달리는 사람들뿐이다. 간혹 들리는 대화도 정겹다.

"어제 저녁에 멸치를 너무 맛있게 볶았어. 간장이랑 설탕을 넣고…."

일상이 여행이 되고, 여행이 일상이 되는 순간이다. 자연스레 발걸음이 느려진다. 털썩. 벤치에 앉는 순간 몸보다 먼저 마음이 쉬기 시작한다.

문득 2006년의 어느 날이 떠올랐다. 센트럴파크가 생긴다고 좋아하던 그날이. 그렇게 좋아한 것치곤 그간 꽤 무심했다. 느티나무 산책로가 있는 줄도 몰랐으니 등잔 밑이 어두운 격이다. 고향이라고 해서, 내가 사는 동네라고 해서 다 아는 건 아니다. 오히려 가까워서 놓치는 것들이 있다. 그러니 이 초록 터널을 지나 집으로 가면 일상 속 여행을 떠나 보자-고 마음먹는다. 우리 집 근처에도 미처 보지 못했던, 끝내주게 멋진 느티나무가 있을지도 모르니.

deep GREEN •

느티나무

느티나무는 우리나라 전역에서 쉽게 볼 수 있는 대표적인 활엽수로, 마을 어귀나 정자나무로 흔히 심어 온 친숙한 나무다. 옛날에 20리마다 심어서 스무나무라고도 했다. 높이 20~30m, 지름 3m까지 자라기에 마을을 지켜 주는 상징으로 여기기도 했다. 가지는 넓은 우산 모양처럼 뻗어 나간다. 그 덕분에 넓은 그늘이 만들어져 정자 근처에 많이 심었다. 마을의 크고 작은 일들을 의논하고, 농사일에 지친 몸을 쉬게 하는 쉼터 역할을 한 셈이다.

가지가 넓게 퍼지는 특성은 여름철에 더욱 빛을 발한다. 총 18.8km 길이의 산책로를 이루는 울산대공원의 느티나무들은 길의 양쪽 그리고 가운데까지 총 3열에 걸쳐 식재된 게 특징이다. 덕분에 녹음은 짙어지고 사람 간 거리도 여유로워 더 쾌적하다. 여름 산책 코스로는 최적의 조건이다. 수백 년 이상 자라난 거대한 나무에 비하면 아직 어린 울산의 느티나무도 시민들에게 쉼터를 제공하는 선배 나무들의 역할을 수행 중이다.

바람에 대한 저항력이 강하고 생장 속도도 빠르며, 왕성한 성장을 보이는 느티나무는 대기오염에는 약하다고 한다. 대기오염에 약하다는 특성에도 불구하고 이렇게 건강하게 자라고 있다는 것은 울산이 더 이상 공해도시가 아니라는 뜻으로도 풀이된다. 울산대공원의 느티나무들이 앞으로도 오랫동안 시민들의 쉼터이자 친구가 되어 주길.

from GREEN •

대왕암공원

신라 문무대왕이 나라를 지키는 용이 되어 바위 밑에 잠들었다는 전설이 깃든 곳이다. 1만 5천여 그루의 소나무가 울창한 숲을 이루고 있으며, 울산 최초의 출렁다리(길이 303m)가 바다 위로 이어져 스릴을 즐길 수 있다. 무장애 산책로와 울기등대 등 다양한 시설이 있어 자연 속에서 여유롭게 휴식을 취하기 좋다.

주소 울산 동구 등대로 95 **운영시간** 공원 상시 개방(연중무휴), 출렁다리 09:00~18:00
홈페이지 https://daewangam.donggu.ulsan.kr

선암호수공원

1964년 공업용수 공급을 위해 조성된 선암댐을 중심으로 만들어진 도시호수공원이다. 약 40년간 철조망으로 둘러싸여 있었으나, 2007년 시민들을 위한 생태호수공원으로 재탄생시켰다. 호수를 중심으로 벚꽃, 연꽃, 갈대 등 계절별로 다양한 식물들이 자라나 다채로운 경관을 연출한다. 세계에서 가장 작은 종교시설로 알려진 교회와 성당, 사찰이 유명하며, 울산의 대표적인 북카페 지관서가에서는 자연을 보며 독서를 즐길 수 있다.

주소 울산 남구 선암동 490-2 **문의** 052-226-4853
홈페이지 www.ulsannamgu.go.kr/seonamlp/main.do

송정박상진호수공원

울산의 독립운동가 고헌 박상진 의사를 기리며 조성된 친환경 수변공원이다. 송정저수지를 중심으로 순환 데크로드가 조성되어 있어 1시간 30분 정도면 한 바퀴를 돌 수 있다. 전망대, 미로정원, 습지원, 숲속놀이터 등이 있으며, 무룡산 등산로와도 연결된다.

주소 울산 북구 송정동 산26-2

대왕암공원

선암호수공원

the GREEN #10

청주
청남대

•

베일에 감춰졌던
대통령의 모과나무
200년 넘게 가꿔 온
그윽한 멋과 향

———

• Info •

주소 충북 청주시 상당구 문의면 청남대길 646
문의 043-257-5080
운영시간 09:00~18:00 | 매주 월요일, 1월 1일, 설·추석 당일 휴무
입장료 일반 6,000원 / 청소년·군인 4,000원 / 어린이·노인 3,000원
주차료 무료
대중교통 청주고속버스터미널에서 28km, 차량 이용 약 40분

• 청남대 •

대중에게 개방되지 않는 장소는 늘 호기심을 불러일으킨다. '대통령의 별장' 또한 그렇다. 청남대는 1983년 12월에 완공된 이후 2003년까지, 20년 동안 대통령이 휴가를 보내던 별장이었다. 대통령이 머무르던 곳이니 접근이 쉽지 않은 것은 당연한 일. 청남대는 자연이라는 베일에 가려져 일반인의 접근이 엄격히 통제된 공간이었다. 그러다 2003년, 노무현 전 대통령이 청남대를 개방하면서 청주의 관광 명소가 되었다.

청남대의 부지는 184만 4천㎡에 달한다. 조경수는 124종 11만 6천여 그루, 야생화는 143종 35만여 본에 이른다. 이 넓은 공간의 주인공은 역시 별장 본관이다. 지상 2층, 지하 1층 규모에 회의실과 접견실, 귀빈실 등을 갖췄다. 대통령의 전용 공간이었던 침실과 서재, 가족실도 당시 사용했던 가구와 함께 그대로 남아 있다. 입구 옆으로 난 길을 따라가면 잘 정돈된 정원이 나온다. 정원에서 눈길을 사로잡는 건 올해로 235살이 된 거대한 모과나무다. 사실 이 나무가 유명한 이유는 따로 있다. 1988년 제5공화국 청문회에 등장했기 때문이다.

"이게 그 나무구먼!"

그 시대를 기억하는 이들은 나무를 알아보기도 한다. 청남대 모과나무는 그 자체로 하나의 기록인 셈이다.

어디 모과나무뿐일까. 청남대 곳곳엔 역사의 흔적이 남아 있다. 전두환 대통령부터 노무현 대통령까지 다섯 명의 대통령이 이곳에 총 472일을 머물렀다. 그동안 휴식을 취하기도, 국가의 중요한 정책을 구상하기도 했다. 시원한 호수 바람과 함께 산책을 하면서, 양어장에서 물고기들을 보면서 대통령들은 저마다의 시간을 보냈을 터다.

청남대 산책로의 길이는 13km가 넘는다. 대청호와 숲을 따라 통일의 길, 화합의 길, 민주화의 길, 오각정길, 솔바람길, 나라사랑길, 호반길 등 다양한 산책로가 조성되어 있다. 전체를 걷는다면 5시간은 족히 걸린다. 각 산책로는 길이도 특징도 저마다 다르다. 호반길은 대청호를 따라 걷는 코스로 호수와 자연을 감상하기에 좋고, 솔바람길은 울창한 소나무 숲을 지난다. 대청호와 청남대의 전망을 보고 싶다면 청남대 가장 높은 곳으로 이어지는 통일의 길을 걸으면 된다. 양어장 옆에 조성된 메타세쿼이아 숲길도 놓칠 수 없다. 약 100여 그루의 메타세쿼이아가 줄지어 선 쉼터와 산책길이다. 쭉 뻗은 나무와 데크길이 감성적이라 청남대에서 가장 인기가 많은 포토존이다. 사진을 찍는 이들을 보니 문득 신기하고 또 재미있다는 생각이 든다. 베일에 싸였던 곳이 SNS 핫플이 되다니, 이건 235년 된 모과나무도 상상하지 못한 일 아닐까.

모과나무

모과나무는 장미과에 속하는 낙엽 활엽수다. 높이는 10m까지 자라며 관상용과 과수용으로 많이 심는다. 5월경에 연분홍색의 꽃이 피고, 여름에 초록색 열매가 자라나기 시작해 가을이 되면 우리가 아는 모습처럼 모과가 노랗게 익는다. 열매는 신맛이 강해 생으로 먹을 수는 없지만 그 향은 더없이 그윽하다. 청으로 만들거나 차로 마시면 입안에서 가을 향이 느껴진다.

장미과에 속하건만, 대접은 장미와는 조금 다르다. 여왕으로 불리며 그 아름다움을 칭송받는 장미와 달리 모과는 못생겼다는 말을 참 많이도 듣는다. 나뭇가지도 울퉁불퉁, 과일도 울퉁불퉁해서다. 오죽하면 '어물전 망신은 꼴뚜기가 시키고, 과일전 망신은 모과가 시킨다'라는 속담이 있을까. 하지만 그 속담도 청남대 모과나무 앞에선 쏙 들어간다. 본관 앞의 모과나무는 청남대의 모든 나무 중에서 가장 오래된 나무다. 큰 어른답게 당당하게 선 자태에 못생겼다는 말 대신 '멋지다'라는 감탄이 나온다. 이 모과나무는 1980년대 청남대를 조성할 당시 다른 곳에서 옮겨 심었을 정도로 아름답다. 열매도 참외처럼 예쁘게 생겨서 청남대 본관에 모과를 진열해 두곤 한단다. 역사의 한 페이지를 장식했던 모과나무는 멋과 향으로 그 존재감을 뽐내며, 오늘도 묵묵히 자리를 지키는 중이다.

from GREEN •

백합나무 가로수길

청남대로 향하는 길목에는 백합나무 가로수길이 시원하게 뻗어 있다. 높이 15m에 달하는 백합나무가 430여 그루 늘어선 길이다. 도로 중간 중간에 작은 주차장이 있고, 백합나무를 따라 나무 데크 산책로가 조성되어 잠시 차를 세우고 가볍게 걸어 보는 것도 좋다. 수십 년 된 백합나무가 하늘을 가리며 터널을 이룬 모습이 장관이다.

주소 충북 청주시 상당구 문의면 청남대길 646 일대

대청댐전망대

대청댐이 보이는 곳에 위치한 전망 공원이다. 넓은 대청호와 커다란 대청댐 그리고 주변의 산이 어우러진 경치를 한눈에 조망할 수 있다. 넓은 주차장과 편의점, 간단한 스낵 코너를 갖추어서 드라이브 코스로도 인기가 높다.

주소 충북 청주시 상당구 문의면 대청호반로 206

동부창고

동부창고는 한때 3천 명 이상의 근로자가 일했던 근대산업문화유산이다. 1960년대 담뱃잎 저장 창고가 문화 예술 공간으로 재탄생했다. 과거 창고의 구조는 그대로 유지해 빈티지한 매력이 있다. 창고를 카페와 갤러리, 공연장 등으로 활용하면서 청주의 새로운 문화 중심지로 거듭났다.

주소 충북 청주시 청원구 덕벌로 30 문의 043-715-6861 운영시간 화~금 10:00~22:00, 토~일 10:00~17:00 휴무 매주 월요일 홈페이지 www.dbchangko.org

백합나무 가로수길

동부창고

함평
향교리 느티나무 · 팽나무 · 개서어나무숲

•

350년의 시간이 빚어낸
신비로운 거목들의 향연
선조들의 지혜가 숨쉬는
바람이 지나는 숲길

—

• Info •

주소 전남 함평군 대동면 향교리 948-2
문의 061-320-2269(함평관광안내소)
운영시간 상시 개방 | 연중무휴
입장료 무료
주차료 무료
대중교통 함평터미널에서 1.6km, 도보 약 20분

• 향교리 느티나무 · 팽나무 · 개서어나무숲 •

예로부터 마을 주변엔 숲이 있었다. 마을의 입구나 뒷산, 하천에 자연적
으로 있었거나 인위적으로 조성된 후 보호되어 온 숲을 마을숲이라고 한
다. 마을숲은 사람들의 삶과 연결된 공간이다. 바람과 홍수로부터 마을을
보호하고, 풍수지리적으로 좋은 기운을 만들고, 주민들에게 쉼을 제공하는
역할을 한다.

오랜 세월 유지된 곳이라면 노거수가 마을숲을 이룬다. 전남 함평 향교
리 숲도 그렇다. 지도에 등록된 이름은 '함평 향교리 느티나무·팽나무·개
서어나무숲'이다. 이름 그대로 느티나무와 팽나무와 개서어나무가 있는 숲
으로, 1962년에 천연기념물로 지정된 줄나무다. 줄나무란 길가에 길게 심
어져 가로수 역할을 하는 나무로 천연기념물로 지정된 줄나무는 무안 청천
리 숲과 이곳 함평 향교리 숲, 두 곳뿐이다.

면적 18,274㎡의 이 숲에는 열 그루의 팽나무와 열다섯 그루의 느티나
무, 그리고 쉰두 그루의 개서어나무가 사는 중이다. 곰솔과 회화나무, 푸조
나무, 개잎갈나무도 함께 숲을 지키고 있다. 7종 80여 그루 나무들의 평균
나이는 무려 350살 이상. 나이만큼 높고 굵게 자란 거목들의 향연이다.

도로변에 이토록 울창한 숲이 조성된 데에는 여러 가지 설이 있다. 향교
서남쪽 수산봉(水山峰)의 화기를 막기 위해 원래 향교가 있던 내교리 향교
터에서 나무를 캐어다 심었다는 이야기, 바다에서 불어오는 강한 바람으로
부터 농경지와 마을을 보호하는 방풍림으로 만들었다는 이야기가 전해진
다. 무엇이 되었든 풍수지리와 조상들의 지혜가 반영된 결과물이다.

향교리 숲은 겉으로는 그저 도로 옆 가로수 혹은 공원처럼 보인다. 차를
타고 지나간다면 '이 마을엔 나무가 참 많네.' 정도의 생각이 들지도 모른

다. 숲으로 들어가면 바람이 세게 불어온다. 눈앞을 가린 머리칼을 걷어 내고 깜빡이며 눈을 뜨니 새로운 세상이 펼쳐진다. 서해에서 불어오는 바람이 숲을 통과하며 만들어 내는 소리가 귀를 가득 채운다. 도롯가라 멀지 않은 거리에서 차들이 쌩쌩 지나는데, 귀에 들리는 것이 차가 만든 소리인지 바람이 지나는 소리인지 분간이 되지 않는다. 바람이 부는 만큼, 눈앞의 풍경도 쉼 없이 변한다. 햇빛은 빽빽한 나뭇잎 사이로 틈을 비집고 들어와 바닥에 얼룩무늬를 끊임없이 그려 댄다. 나무가 해와 친구가 되어 빛과 그림자의 향연을 펼친다.

숲에서 할 일은 보고, 듣고, 걷는 일뿐이다. 식당에 가면 밥을 먹고, 카페에 가면 커피를 마시듯 향교리 숲에선 나무를 보고, 바람을 듣고, 그림자 위를 걷는다. 길게 줄지어 선 거목 사이엔 나무 데크길이 놓여 있다. 그 덕분에 누구나 걷기에 어렵지 않은 길이다. 오래전 마을을 지키기 위해 조성된 숲은 주민들의 쉼터이자 운동 장소가 되어 찾는 이들의 건강을 지켜 준다. 급변하는 세상 속에서 변하지 않는 가치를 간직한 이 숲은 진정한 쉼과 위로를 선사하는 귀한 유산이다.

개서어나무

개서어나무는 이름부터가 독특하다. 서어나무와 비슷하면서도 다르다는 의미에서 '개'자가 붙었다. 개서어나무의 줄기가 서어나무보다 더 거칠게 생겼다. 높이는 15m, 지름은 70cm까지 자라며, 가장 큰 특징은 울퉁불퉁한 줄기다. 마치 근육이 발달한 듯한 모습 때문에 '근육나무'라고도 불린다. 이 독특한 모습의 줄기는 숲에서 개서어나무를 쉽게 구별할 수 있게 해 주는 표식인 셈이다.

함평 향교리 숲의 개서어나무들은 350년 이상의 세월을 견뎌 온 거목들이다. 전남 지역에서 개서어나무가 대규모로 자라는 곳은 드물기에 이곳은 생태적 가치가 높다. 개서어나무는 제주도 오름 주변에서 흔히 볼 수 있다. 강한 바람을 막아 주는 방풍림 역할을 한다고. 함평에서도 제주에서도 개서어나무가 같은 역할을 하고 있다는 점이 흥미롭다.

사실 숲에 다녀오고도 한동안 개어서나무 숲이라고 말하곤 했다. 빨리빨리, 어서어서에 익숙한 한국인이라 그런가. 그러다 찍어둔 안내판 사진을 보고 웃음이 터졌다. 안내판에도 '개어서나무'라고 적혀 있었다. 이름도 생김새도 독특한 이 나무는 개서어나무입니다. 잊지 말아 주세요!

from GREEN •

붉가시나무자생북한지대

붉가시나무는 따뜻한 남쪽에서 자라는 상록활엽수다. 주로 제주도 등 남부 해안 지방에서 볼 수 있으나, 함평에서도 붉가시나무를 만날 수 있다. 육지 최북단에서 자생하는 붉가시나무 군락지는 학술적으로도 가치가 높다고. 자연의 모습을 간직한 붉가시나무의 북쪽 한계선을 만나는 의미가 있는 곳이다.

주소 전남 함평군 함평읍 기각리 산 12-2

함평천수변공원

함평 읍내를 가로지르는 함평천을 따라 조성된 수변공이다. 함평나비대축제의 주행사장인 함평엑스포공원과 인접해 있어 축제 기간에는 많은 이들이 찾는다. 봄에는 유채꽃과 벚꽃, 가을에는 코스모스 등 계절별로 다양한 꽃들이 피어난다. 맑은 함평천의 물줄기를 따라 걷거나 자전거를 타며 여유로운 시간을 보낼 수 있다.

주소 전남 함평군 함평읍 수호리 1062-1

주포한옥마을

전통의 멋과 현대의 편리함을 동시에 갖춘 신식 한옥마을이다. 고즈넉한 돌담길과 기와지붕이 어우러져 한국적인 정취를 물씬 풍기는 곳이다. 대부분 한옥에서 숙박 체험이 가능해 하룻밤을 보내며 여유로운 시간을 가질 수 있다. 돌머리해변과 인접해 있어 서해 낙조를 감상하기에도 좋다.

주소 전남 함평군 함평읍 주포한옥길 3

붉가시나무자생북한지대

주포한옥마을

the GREEN #12

강릉
허균허난설헌기념공원

•

붉은 감 매달린 가지마다
오랜 세월의 이야기가 깃든 곳
고즈넉한 한옥의 품속에서
바람처럼 스치는 선인의 숨결

—

• Info •

주소 강원 강릉시 난설헌로193번길 1-16
문의 033-640-4798
운영시간 09:00~18:00 | 매주 월요일 휴무
입장료 무료
주차료 무료
대중교통 강릉역에서 3.5km, 버스 202-11번 약 20분

• 허균허난설헌기념공원 •

'솔향강릉'이라는 도시 슬로건에서도 알 수 있듯, 강릉에서는 어디서나 소나무를 쉽게 만날 수 있다. 강릉의 상징이기도 한 소나무는 태백산맥의 산자락을 뒤덮고, 해안가마저 초록색으로 꾸며 내고 있다. 특히, 강문과 경포 등 해변을 따라 길게 뻗은 소나무 숲은 도시 전체를 아우르는 대표적인 풍경이기도 하다.

강문해변과 경포해변을 잇는 해송 숲은 경포호 방향으로 한 갈래를 더한다. 바다의 기운이 옅어지고, 고즈넉한 숲의 기운이 짙어지는 숲길이다. 이 길 끝에 특별한 이야기가 전해져 내려온다. 허난설헌과 허균 남매가 그 주인공이다. 허균허난설헌기념공원 터는 조선 중기 뛰어난 문학적 성취를 이룬 허난설헌과 허균 남매가 유년 시절을 보낸 곳이다. 아담한 한옥 한 채가 중심에 자리한다. 남매의 문학을 기리고 기억하기 위한 공간으로 복원되었다. 고즈넉한 전통 가옥과 주변을 메운 소나무 숲의 조화는 마치 소설 속 풍경 같다.

소나무 숲만 있는 것은 아니다. 남매가 살던 터는 현재 기념공원으로 조성되어 그들의 삶과 문학을 기리고 있다. 한쪽에는 이 남매의 작품을 소개하는 기념관과 한옥의 정취를 즐기기에 좋은 전통차 체험관이 자리한다.

공원 내에는 각 계절에 잘 어울리는 꽃과 나무가 식재되어 있어, 가볍게 산책을 즐기기에도 좋다. 특히, 봄에는 개나리와 벚꽃이 만개해 공원을 찾는 이들에게 산뜻한 감성을 선사하기도 한다. 허난설헌 생가 내부도 볼 수 있다. 전형적인 사대부 가옥의 형태를 띤 이 집은 대청, 사랑채, 안채 등이 적절한 간격을 두고 배치되어 있다. 어린 허균과 허난설헌이 이곳에서 독서하며 문학적 재능을 키웠을 모습이 눈앞에 생생히 펼쳐지는 것만 같다.

생가 담장 곁에 조금 특별한 나무가 서 있다. 바로 감나무다. 이 감나무는 우리가 일반적으로 보아 왔던 것들과 다르다. 막대기를 이용해도 열매를 따기 어려울 만큼, 주변의 소나무와 햇볕 경쟁이라도 하듯 높이 솟아나 있다. 그래서인지 소나무 숲 사이에 있는 감나무들은 쉽게 눈에 띄지 않는다. 이 감나무가 가장 돋보이는 시기는 열매가 영글어 가는 가을이다. 하지만 너무 높은 키 탓에, 잘 익은 감은 주로 이 숲을 찾는 새들의 몫이다. 이따금 감이 바닥에 떨어지기도 하는데, 소나무 숲에 자연스럽게 가을의 정취를 더해 준다. 우리가 할 수 있는 일은 그저 툇마루에 앉아 높이 솟은 감나무를 바라보는 것뿐이다. 허난설헌과 허균 남매가 이곳에서 보냈을 어린 시절을 상상해 본다. 이들이 바라본 하늘에도 가을이면 붉은 감이 매달렸을 것이다. 조선을 대표하는 문학가 남매의 풍류와 문학적 감수성을 느끼기에 더할 나위 없이 좋은 풍경이다.

deep GREEN •

감나무

감나무는 감나무과에 속하는 낙엽 활엽 교목으로, 동아시아가 원산지다. 일반적으로 높이는 4m 내외로 자라지만, 10m가 넘는 개체도 종종 눈에 띈다. 잎은 타원형으로 넓으며 끝이 뾰족하다. 늦봄에 황백색의 작은 꽃이 피고 가을에는 주황색 또는 붉은색으로 익는 열매가 열린다.

선조들은 감나무가 문, 무, 효, 충, 절의 다섯 가지 덕목을 갖춘 나무라고 칭송했다. 넓은 잎은 잘 말려 종이 대신 글씨를 쓸 수 있어 '문(文)'을 상징했고, 단단한 목재는 화살이나 무기를 만드는 데 적합해 '무(武)'를 뜻했다. 달고 부드러운 감은 노인도 쉽게 먹을 수 있어 '효(孝)'를 의미했고, 겉과 속이 다르지 않고 일관된 붉은 빛을 유지한다고 해서 '충(忠)', 매서운 한겨울 날씨에도 꿋꿋이 나무에 매달려 있는 모습은 '절(節)'을 나타낸다고 여겼다.

사대부의 저택이었던 허난설헌 생가에 감나무가 있는 것은 이상한 일이 아니다. 생가의 담장 너머 소나무 숲에서 유난히 큰 키와 주홍빛 열매로 시선을 끄는 이 감나무는 가을이 되면 허난설헌 생가의 풍경을 더욱 특별하게 한다.

from GREEN •

경포호

강릉의 대표적인 호수로, 바다와 연결되어 있어 아름다운 풍경을 자랑한다. 호수 주변에는 산책로와 자전거길이 잘 조성되어 있어 여유로운 시간을 보내기에 좋다. 특히 해 질 녘 노을이 물드는 경포호의 풍경은 낭만적이며, 겨울에는 철새들의 보금자리가 되기도 한다.

주소 강원 강릉시 강문동 263(경포호수광장주차장) **운영시간** 상시 개방 **입장료** 무료

경포대

경포호수를 한눈에 내려다볼 수 있는 누각으로, 관동팔경 중 하나로 손꼽힌다. 예전에는 많은 시인과 묵객이 찾아와 풍류를 즐겼던 곳으로, 아름다운 자연경관과 함께 역사적 의미를 지닌다. 누각에 올라 바라보는 경포호와 바다의 풍경은 절경이다.

주소 강원 강릉시 경포로 365 **문의** 033-640-4471 **운영시간** 09:00~18:00(연중무휴) **입장료** 무료
주차료 무료

초당순두부마을

독특한 방식으로 만드는 두부를 맛볼 수 있는 거리다. 조선 중기, 허균과 허난설헌의 아버지인 허엽이 이곳에 살면서 두부를 만들 때, 마을 우물물과 동해 바닷물을 간수로 사용했던 것이 특별한 맛의 비결로 전해진다. 마을 이름 '초당(草堂)' 역시 허엽의 호에서 비롯되었다. 지금도 해양심층수를 간수로 사용해 두부를 빚는다. 미네랄이 풍부한 바닷물 덕분에 초당두부는 담백하면서도 고소한 맛이 일품이다.

주소 강원 강릉시 초당동 20-1

경포호   경포대

the GREEN #13

구례
산수유마을

•

봄의 전령, 노란 물결 따라
시간이 멈춘 듯 고즈넉한 풍경 속으로
마을의 역사와 함께 피어난
산수유 꽃 향기 가득한 길

—

• Info •

주소 전남 구례군 산동면 상관1길 45(산수유문화관)
문의 055-783-5422(산수유문화관)
대중교통 구례공영버스터미널에서 버스 7-4, 7-5, 7-7, 7-8, 7-9번 약 50분

• 산수유마을 •

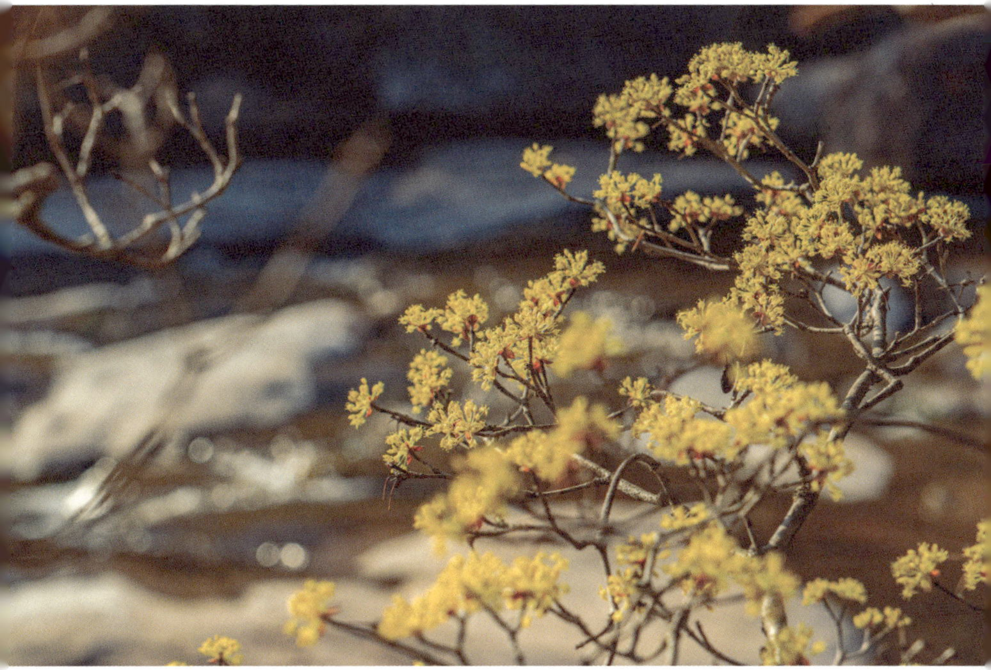

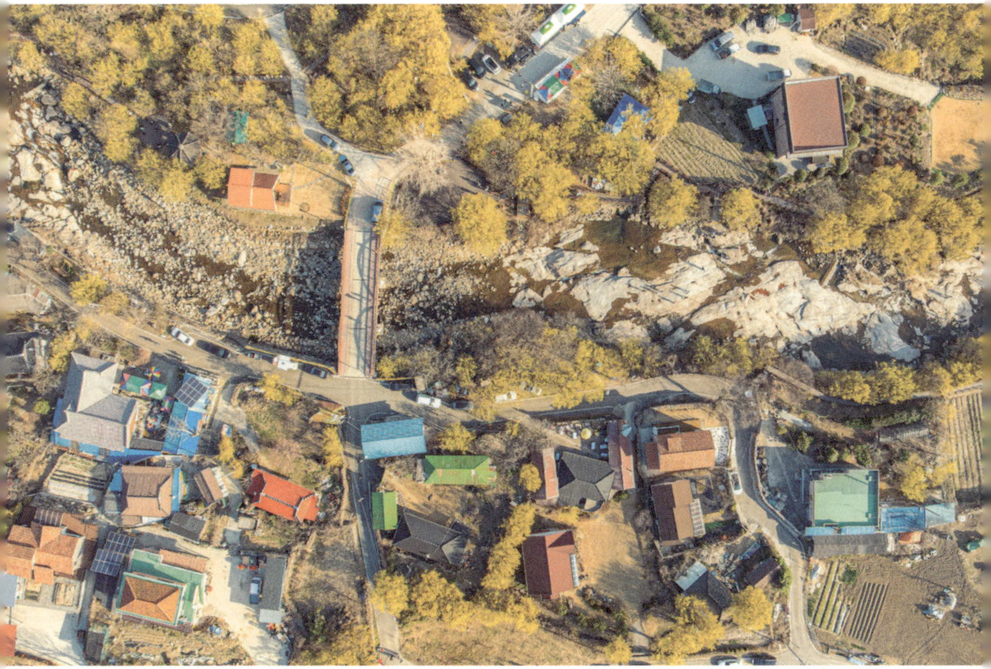

끝날 것 같지 않은 한겨울 추위가 어느덧 사그라들고, 약간의 온기가 섞인 바람이 불어올 때면 왠지 모르게 마음이 설렌다. 봄소식이다. 동백과 유채꽃, 홍매화와 청매화가 꽃망울을 터뜨릴 즈음이면 산수유도 봄맞이에 나선다. 전남 구례군 산동면, 지리산 자락에 자리한 구례산수유마을은 국내 최대 규모의 산수유 군락지다. 19번 국도에서 지리산온천관광단지 방향으로 조금만 들어가면, 사방에 산수유가 가득한 풍경을 마주하게 된다. 특히, 마을 한가운데를 가로지르는 개울을 중심으로 산수유가 밀집해 있다.

꽃이 피어날 3월 중순에 맞춰, 전국 각지에서 상춘객이 모여든다. 기다렸던 봄을 조금이라도 일찍 맞이하고 싶기 때문이겠지. 겨우내 한껏 움츠렸던 마을이 기지개를 활짝 켜고 봄날의 햇살을 즐기기 시작하는 순간이다. 수십만 명의 관광객이 찾는 축제 기간이더라도 산수유 꽃과 힘차게 흐르는 물줄기, 꼭대기에 잔설을 얹은 채 지그시 내려다보는 지리산이 어우러지는 풍경은 고즈넉하다는 표현이 잘 어울린다.

꽃이 완전히 만개하기 직전, 조금 수고스럽더라도 새벽녘 방문을 놓칠 수 없다. 더없이 안온한 봄의 기운이 가득한 마을을 온전히 산책할 수 있기 때문이다. 산수유문화관 옆 천변을 따라 천천히 거닐면, 오랜만에 돌아온 봄꽃에 신난 새들이 지저귀는 소리, 물 흐르는 소리에 두 귀가 청아해진다. 마을 구석구석으로 이어지는 골목길에서도 산수유 꽃은 돌담 너머로 고개를 살짝 내민 채 인사를 건넨다.

구례산수유마을은 '하위마을'과 '상위마을'로 나뉜다. 골짜기의 아래쪽은 하위마을, 위쪽은 상위마을이다. 두 마을은 서로 약 2km 떨어진 곳에 자리한다. 하위마을이 잘 정돈된 공원 같은 분위기라면, 상위마을은 조선 시대 시골 마을의 정취를 그대로 간직한 모습이다. 자연스럽다. 상위마을 주변으로도 오랜 세월을 견디었을 산수유들이 군락을 이룬다. 서로 부대끼고 살아가는 덕분인지, 하위마을의 산수유에 비해 키가 크다. 돌무더기 사이를 밀어젖히고 꿋꿋하게 살아낸 모습이 원시림을 보는 것만 같다.

구례산수유마을은 봄꽃뿐만 아니라 사계절 내내 여행하기 좋은 근사한 풍경을 선사한다. 여름이면 산수유의 짙은 녹음이 마을 전체를 뒤덮고, 가을에는 새빨갛게 익은 산수유 열매가 지리산 자락을 촘촘하게 장식한다. 겨울마저 그 나름의 멋이 있다. 가녀린 산수유 가지 위로 피어난 눈꽃은 산수유마을에서만 볼 수 있는 설경이다.

산수유

산수유는 층층나무과 산수유속에 속하는 낙엽 활엽 소교목이다. 우리나라를 비롯해 중국, 일본 등 동아시아 지역에 주로 분포한다. 높이는 7m까지 자라며, 가지가 사방으로 뻗어 아름다운 곡선을 이루는 것이 특징이다. 척박한 환경에서도 잘 자라는 강인한 생명력을 지니기도 했다. 수명이 길고 병충해에 강하며, 비교적 관리가 쉽다는 점 때문에 정원수, 공원수, 가로수 등 조경용으로도 많이 활용한다.

한국의 산수유는 중국으로부터 들여온 것이다. 산수유마을 옆 동네 계천리에는 1천 년 전, 중국 산둥반도에서 시집을 온 처녀가 처음 가져왔다는 시목이 있다. 우리나라 전역에서 볼 수 있는 수많은 산수유는 전부 이 나무로부터 퍼졌다는 의미다. 다른 산수유에 비해 유난히 큰 모습을 보면 이해할 만하지만, 실제 나이는 300~400살에 불과하다는 연구 결과가 있다.

산수유의 붉은 열매는 예부터 한약재로 쓰인다. 중국 당나라에서는 장수의 열매로, 조선 시대에도 왕의 보약 재료로 사용되었단다. 물론, 허준의 '동의보감'에도 다양한 효능이 있다는 기록이 전해진다. 꼭 한약재로만 쓰이는 것은 아니다. 최근 들어 생산지를 중심으로 다양한 먹거리 재료로 활용하는 움직임도 있다. 구례산수유꽃축제에 방문하면 산수유 열매로 만든 여러 음식, 음료를 맛볼 수 있다.

from GREEN •

지리산온천관광단지

지리산 노고단 아래에서 솟아나는 약알칼리성 온천수를 즐길 수 있는 온천 단지다. 피부 미용과 피로 해소에 탁월한 효능이 있는 것으로 알려졌다. 온천 시설에 따라 다양한 온천탕과 휴식 시설을 갖춘 채 손님을 맞이한다. 구례산수유마을과 가까워 꽃구경 후, 온천에서 피로를 푸는 코스로 인기가 많은 편이다. 주변에 숙박 시설과 식당도 잘 갖춰져 있다.

주소 전남 구례군 산동면 지리산온천로 일대

화엄사

지리산 국립공원 자락에 위치한 천년 고찰로, 백제 성왕 22년(544년)에 연기조사가 창건했다. 각황전을 비롯해 수많은 국보와 보물급 문화재를 품고 있어, 그 자체로 살아 있는 박물관이라 불린다. 특히 각황전 앞 석등은 한반도의 고대 석등 중 가장 규모가 큰 것으로 알려져 있다. 통일신라 시대의 정교하고 섬세한 조각미를 자랑하는 유물이다. 짙은 분홍색 꽃망울을 터뜨리며 이른 봄의 시작을 알리는 홍매화 또한 유명하다.

주소 전남 구례군 마산면 화엄사로 539 **문의** 061-783-7600

천개의향나무숲

수많은 향나무가 울창하게 우거진 숲이다. 개인이 운영하는 민간 정원으로, 숲속 산책과 소풍을 즐기기에 좋은 곳이다. 전 구역이 평지로 이루어져, 누구나 편하게 거닐어 볼 수 있다는 점이 매력적이다. 숲 가장자리를 따라 산책로가 이어진다. 다양한 종류의 향나무가 주를 이루며, 그 사이에 다양한 수종의 나무가 가득하다. 민간 정원이지만 자연스러운 조경을 추구해 천연림의 모습을 닮았다.

주소 전남 구례군 광의면 천변길 12 **문의** 061-783-1004 **운영시간** 10:00~17:00(연중무휴) **입장료** 5,000원

화엄사

천개의향나무숲

the GREEN #14

남해
물건리방조어부림

·

바다를 지켜 온 300년 숲
팽나무 그늘에 머문 바람
이국적 지붕들과 어우러진 풍경
남해가 간직한 초록 보물

―

· Info ·

주소 경남 남해군 삼동면 동부대로1030번길 59
문의 055-860-8631
운영시간 상시 개방 | 연중무휴
입장료 무료
주차료 무료
대중교통 남해시외버스터미널에서 물건정류장까지 농어촌버스 약 70분(하차 후 도보 15분)

· 물건마을 ·

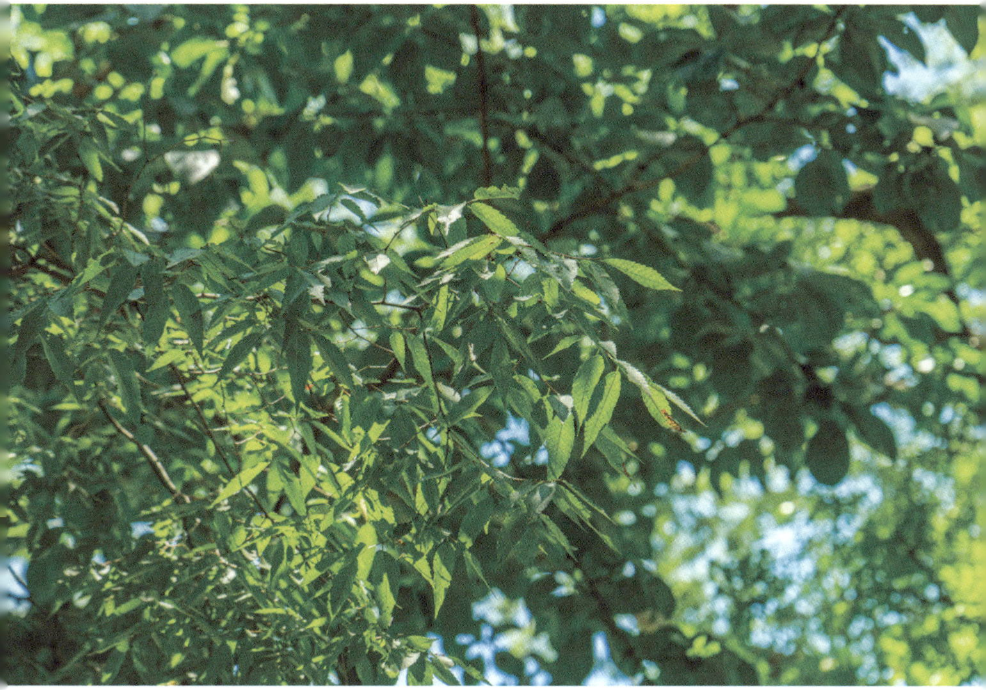

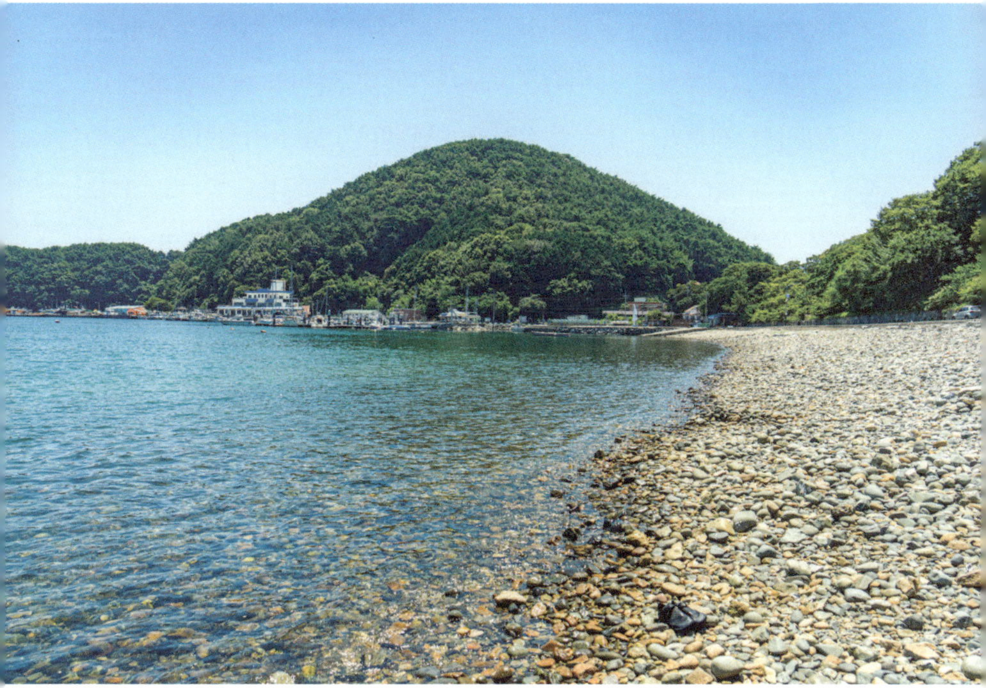

경남 남해에는 해안선을 따라 초승달 모양으로 휘어진 특별한 숲이 있다. 물건리방조어부림은 길이 약 750m, 폭 40m에 달하는 인공 숲이다. 약 300년 전 마을 사람들이 거센 해풍과 파도를 막기 위해 조성한 것이라 전해진다. 팽나무, 상수리나무, 느티나무 등 100여 종의 나무 2,000여 그루가 바다와 마을 사이를 빼곡히 메운다. 한쪽으로는 바다, 반대로는 자그마한 어촌이 자리하는 곳이지만, 방조어부림 한가운데에서는 마치 깊은 산속에 들어온 듯한 원시림의 분위기가 느껴진다.

인근에 독일마을이라는 유명 관광지가 있지만, 이곳은 한적하다. 독일마을 전망대에서 이곳의 풍경이 어렴풋이 보이는데도 말이다. 아마도 여기까지 내려올 생각을 하는 이들이 많지 않아서일 터. 숲은 해안선과 수평을 이룬 채 길게 펼쳐져 있다. 바람을 막아 주는 천연 울타리 역할이다. 그래서일까. 귀를 스치는 건 발밑의 나뭇잎 소리, 자갈 위로 밀려드는 파도 소리뿐이다. 관광지인 독일마을의 왁자지껄함과는 거리가 먼, 그저 고요한 풍경이다.

물건리방조어부림을, 주민들은 마을을 지키는 숲이라 여긴다. 19세기말, 주민들이 숲에 있는 나무 일부를 베어 낸 적이 있었다. 하필이면 그해에 폭풍이 몰아쳤던 적이 있었는데, 마을이 상당히 큰 피해를 보았다고 한다. 이후 '이 숲을 해치면 마을이 망한다'라는 이야기가 전해져 내려왔고, 마을 사람들은 이 숲을 건드리면 벌금을 내기로 약속했다. 1933년, 또다시 큰 폭풍이 몰아쳤을 때는 마을 피해가 거의 없었다.

숲은 보답이라도 한다는 듯이 짙은 그늘을 내어 준다. 특히, 팽나무처럼 가지를 사방으로 펼치는 나무가 많아 따사로운 햇살이 들어올 틈이 없다. 한여름에도 적당히 살랑이는 바닷바람은 숲속을 시원하게 휘감는다. 바로 앞 해변이야 무덥겠지만, 숲의 품에 안겨 있을 때만큼은 그저 청량한 느낌으로 가득하다. 숲을 등지고, 방파제에 걸터앉아 바다를 바라보며 시간을 보내기를 권한다.

시간이나 계절, 날씨에 따라 조금씩 바뀌는 분위기도 물건리방조어부림을 더 빛나게 하는 매력이다. 봄이면 연두색 새순이 돋아나고, 한여름이면 짙은 녹음 사이로 바람과 매미 소리가 어우러진다. 가을엔 잘 익은 팽나무 열매들이 숲길을 수놓고, 겨울이면 연갈색으로 물든 낙엽이 수북이 쌓인다.

deep GREEN •

팽나무

팽나무는 느릅나무과에 속하는 낙엽 활엽 교목으로, 높이 20m, 줄기 지름 1m 이상까지 자라는 나무다. 줄기가 곧게 치솟고 가지는 수평으로 넓게 퍼져 원뿔에 가까운 형태를 만드는 것이 특징이다. 늦가을에는 작은 딸기 모양의 열매가 검붉게 익는데 새들이 즐겨 먹는 간식이다. 팽나무는 수명이 길고, 크게 자라는 덕분에 예부터 마을의 당산나무로 삼는 경우가 많았다. 마을을 수호하는 신목이자, 주민들의 훌륭한 쉼터였던 것이다.

해풍과 염분에 강해 바닷가에서도 잘 자라는데, 이러한 특성 때문인지 경상도 지역에서는 팽나무를 '포구나무'라고 부르기도 한다. 팽나무의 단단한 목재는 잘 갈라지지 않아 가구를 만드는 데 쓰였고, 어린 가지와 잎은 약재로도 활용된다. 오래된 팽나무의 그루터기나 죽은 목재에서 야생 팽이버섯이 자라기도 한다. 우리가 흔히 먹는 팽이버섯의 이름이 여기서 유래했다.

남해 물건리방조어부림에서도 팽나무는 주요 수종 중 하나로 당당히 자리하고 있다. 현재 이 숲에는 팽나무를 비롯해 느티나무, 푸조나무, 이팝나무 등 다양한 나무들이 함께 어우러져 수백 그루 규모의 숲을 이루고 있다. 1962년에 천연기념물로 지정되었지만, 다행히 누구든 숲을 자유롭게 거닐어 볼 수 있다.

남해 독일마을

남해군이 2001년 독일 파견 광부·간호사 등 교포들의 정착을 돕기 위해 조성한 마을이다. 붉은 지붕의 독일식 주택 70여 채가 언덕을 따라 들어서 이국적인 풍경을 자아낸다. 일부 주택은 펜션이나 카페로 운영되며, 파독 광부·간호사 기념관 등 문화공간이 마련되어 있다. 독일 맥주를 비롯해 소시지, 디저트 등 다양한 독일 먹거리를 만나볼 수 있기도 하다.

주소 경남 남해군 삼동면 독일로 89-7 **문의** 055-867-8897 **운영시간** 상시 개방(연중무휴) **입장료** 무료 **홈페이지** https://namhae.go.kr(남해군 독일마을 안내)

국립 남해편백자연휴양림

한려해상국립공원 북쪽, 금산 동쪽에 자리한 국립 휴양림이다. 남해가 내려다보이는 곳에 조성되었으며, 편백 숲이 감싸고 있다. 전망대까지 이어지는 숲길, 편백 숲 사이로 난 산책로는 휴양림을 찾는 이들이 꼭 한 번쯤 거닐어 보는 필수 코스로 꼽힌다. 하룻밤 묵어 갈 만한 숙박 시설과 야영장, 야외 학습장 등을 갖추고 있으며, 깔끔하게 운영되고 있다.

주소 경남 남해군 삼동면 금암로 658 **문의** 055-867-7881 **운영시간** 09:00~18:00(입장마감 17:00) **휴무** 매주 화요일 **입장료** 어른 1,000원, 청소년 600원, 어린이 300원

남해 가천 다랭이마을

남해도 남단 가천마을의 비탈면에 층층이 계단식 논밭을 이뤄 낸 전통 취락이다. 높고 가파른 언덕을 따라 크고 작은 다랭이논 100여 개가 바다를 향해 펼쳐져 장관을 이룬다. 예로부터 척박한 땅을 일구며 살아온 남해 농부들의 지혜를 보여 주는 곳으로, 사시사철 색색이 변하는 계단식 논 경관이 인상적이다. 향토음식을 파는 식당, 감성적인 분위기의 카페가 곳곳에 자리한다.

주소 경남 남해군 남면 남면로 702

남해 독일마을

남해 가천 다랭이마을

the GREEN #15

산청
남사예담촌

•

고즈넉한 돌담길
세월의 흔적 깃든 한옥
오랜 나무의 품속에서
사랑의 이야기가
바람처럼 속삭이는 곳

—

• Info •

주소 경남 산청군 단성면 남사리 241-1
문의 055-970-6501(산청군청 문화관광과)
운영시간 상시 개방(고택 내부 관람은 별도 운영 시간 확인)
입장료 무료(일부 고택 및 체험 유료)
대중교통 산청버스터미널에서 약 22km, 차량 이용 약 20분

• 남사예담촌 •

경남 산청의 전통 마을 남사예담촌에는 유난히 눈길을 끄는 두 그루의
회화나무가 있다. 나이는 300살을 훌쩍 넘는다. 처음엔 골목 양쪽에서 경
쟁하듯 자란 듯 보이지만, 마치 서로를 배려한 듯 줄기를 비틀어 맞닿은 모
습이다. 사람들은 이 나무를 '부부 회화나무'라고 부른다. 마을 사람들에게
이 두 그루의 회화나무는 부부 금슬을 상징한다. 연인이 손을 잡고 이 골목
길을 지나면, 백년해로할 수 있다는 이야기도 생겨났다. 산청을 여행하는
이들이 한 번쯤 방문해 이 나무 아래를 지나가기도, 사진을 남기기도 한단다.

사람들이 이렇게 회화나무에 특별한 의미를 부여하는 이유는, 나무가
단지 전설이나 행운을 상징하기 때문만은 아닐 것이다. 선비의 품격을 상징
하는 회화나무가 수백 년 동안 마을 사람들과 함께하면서, 주민들은 남상
예담촌의 고유의 분위기와 전통을 유지하며 마을에 대한 자긍심을 자연스
럽게 쌓아 갔을 것이다. 마을이 여전히 역사와 명맥을 이어 가는 중심에 회
화나무가 곧게 자리했을 터다. 실제로 남사예담촌은 경주 양동마을, 안동
하회마을처럼 역사와 전통이 깊은 마을이다. 500여 년간 한 자리에서 대를
이어 살아온 가문의 후손들이 여전히 자리를 지키고 있다. 비록 한국전쟁
때 여러 고택이 소실되어 40여 채만 남았다지만, 원래는 250채 이상의 가
옥이 모여 큰 마을을 이루고 있던 곳이다.

한옥 고택 사이 골목길은 거미줄처럼 이어진다. 규모가 크지도 않다는
데, 의외로 길을 찾기가 어렵다. 골목길의 끝에 누군가의 집이 있는 형태가
많아서다. 그렇다고 지도를 자세히 살피며 둘러볼 필요는 없다. 고택의 정
취를 느끼며, 돌담 사이로 이어지는 길을 따라 산책하는 것만으로도 마음
이 차분해진다. 다들 부부 회화나무를 가장 먼저 살펴본 뒤에서야 산책한

다지만, 꼭 그럴 필요도 없다. 투박하게 이어진 골목길에서 예상치 못한 고즈넉한 풍경과 마주할 테니까. 여행객을 마을 곳곳으로 데려다주는 돌담길도 이곳에서는 특별하다. 돌과 흙으로 쌓은 담장은 무려 국가등록유산이다('산청 남사마을 옛 담장'). 3km가 넘는 길이로 마을 구석구석을 연결한다.

마을 내에는 부부 회화나무 말고도 오랜 역사를 품은 나무들이 많다. 나무 밑동에 생긴 구멍에 손을 넣고 소원을 빌면 아이를 가질 수 있다는 '이씨고가의 회화나무'는 460년이 넘은 수령을 자랑한다. 사효재 앞마당에서 자라는 향나무는 520년을 넘게 살고 있다. 최씨고가 앞마당에 자리를 잡은 매화나무는 150년에 불과해 다소 젊은 축에 속하지만, 400년 된 매화나무의 후계목이다. 저마다 이야기가 담긴 노거수들은 그 자체만으로도 남사예담촌의 상징으로 여겨진다.

고택에서 하룻밤 머무르는 한옥스테이를 경험해 보는 것은 어떨까. 가볍게 한옥 카페에 앉아 여유로운 오후를 즐겨 보기도 하자. 한옥의 툇마루에 앉아 한방 성분이 들어간 물로 족욕을 할 수 있는 체험 공간도 그냥 지나치지 말자.

회화나무

회화나무는 콩과에 속하는 낙엽 활엽 교목으로, 동아시아가 원산지이다. 키는 10~30m까지 자라며, 줄기는 곧게 뻗고 가지가 넓게 퍼져 시원한 그늘을 제공한다. 수명이 길고 병충해에 강하여 예로부터 정원수나 가로수로 많이 심는 나무이기도 하다. 목재는 단단하고 무거워 건축 재료나 가구 재료로도 사용된다.

유교 문화권에서는 학자의 나무, 선비의 나무, 혹은 길한 나무로 여긴다. 이는 회화나무가 악귀를 물리치고 좋은 기운을 불러온다고 믿었기 때문이다. 양반 가문에서는 집에 회화나무를 심는 일이 많았고, 시간이 흐르며 지금도 몇몇 고택에 거대한 나무 한 그루쯤은 남아 있게 되었다.

선조들이 회화나무를 학자, 선비의 상징으로 여겼던 데에는 여러 이유가 있다. 중국 주나라 때 궁궐에 회화나무 세 그루를 심고 그 아래에 삼공(三公, 재상)의 자리를 마련한 이래 회화나무는 높은 벼슬과 출세를 상징하게 되었다. 조선의 선비들은 회화나무를 학문 공간인 서원에 심어 자손들이 입신양명하기를 기원했다.

남사예담촌 주민들은 예부터 마을에서 많은 학자와 선비가 탄생한 이유 역시 회화나무 덕분이라고 이야기한다. 회화나무가 이 마을의 상징이 된 것은 어쩌면, 나무 그 자체보다는 그 아래를 지켜 온 사람들의 품격과 삶 덕분일지도 모른다.

from GREEN •

동의보감촌

동의보감촌은 한방 항노화 웰니스 관광지다. 유네스코 세계기록유산인 『동의보감』의 본고장이라는 위상에 걸맞게 한방을 주제로 한 다양한 시설과 프로그램을 갖추고 있다. 한방엑스포 주제관, 한의학 박물관, 동의본가 등에서 한의학의 역사와 효능을 배우고 체험하는 프로그램을 운영한다. 한방 자연휴양림, 숲속 수영장, 기 체험장 등 쉬어 갈 만한 공간도 다수 마련해 두고 있다.

주소 경남 산청군 금서면 동의보감로 555번길 61 **문의** 055-970-7216 **운영시간** 09:00~18:00(시설별 상이, 동의보감박물관 기준) **입장료** 입장 무료, 일부 시설 유료(산청한의학박물관 어른 2,000원) **홈페이지** https://donguibogam-village.sancheong.go.kr

산청 생초국제조각공원

지리산 자락의 아름다운 자연경관 속에 현대 조각 작품들이 조화롭게 어우러져, 방문객들에게 예술과 자연의 특별한 만남을 선사하는 공간이다. 국내외 유명 작가들의 다양한 조각 작품들이 넓은 잔디밭 곳곳에 전시한다. 산청을 대표하는 봄꽃 축제인 꽃잔디축제가 매년 4월 이곳에서 열리기도 한다. 예술과 자연 속에서 한가로이 시간을 보내고 싶은 이들에게 제격이다. 인근에 선사시대에 만들어진 것으로 보이는 생초고분군이 있으며, 산청박물관과도 이어진다.

주소 경남 산청군 생초면 산수로 1064 **운영시간** 09:00~24:00(연중무휴) **입장료** 무료

수선사

자연과의 조화를 중시한 정원을 품은 사찰이다. 특히 연못이 아름다운 사찰로, 최근 여행자 사이에서 인기를 끄는 이유가 여기에 있다. 여름마다 연못 위를 수놓는 연꽃을 보기 위해 전국 각지에서 사람들이 모여든다. 연못 옆에는 사찰을 내려다볼 수 있는 카페가 있고, 절 뒤편으로는 대나무 숲길이 조성되어 있다.

주소 경남 산청군 산청읍 웅석봉로154번길 102-33 **문의** 055-973-1096 **운영시간** 09:00~18:00(연중무휴) **입장료** 무료

동의보감촌

수선사

the GREEN #16

서귀포
신례리 왕벚나무 자생지

•

봄바람에 실려 오는
연분홍빛 설렘
오랜 시간 품어 온
생명의 신비가 피어나는 자리

—

• Info •

주소 제주 서귀포시 남원읍 신례리 산2-1번지
운영시간 상시 개방(자생지 보호를 위해 정해진 탐방로 외 출입 제한)
대중교통 서귀포버스터미널에서 버스 281번 약 40분

• 신례리 왕벚나무 자생지 •

매년 봄, 전국을 화려하게 수놓는 벚꽃이 겨우내 얼어붙었던 우리의 마음을 한층 녹여 낸다. 서울 여의도의 윤중로, 경남 하동의 십리벚꽃길, 구례 전역을 뒤덮는 섬진강 벚꽃길은 물론, 대한민국 구석구석 어디서나 쉽게 볼 수 있는 왕벚나무의 시작은 어디였을까. 바로 제주도에 그 기원이 있다.

제주도는 대한민국에서 왕벚나무의 자생지로 인정받는 유일한 곳이다. 특히, 서귀포시 남원읍 신례리는 그 가치를 오롯이 간직한 장소다. 이곳은 단순히 예쁜 벚꽃을 보기 위함이 아닌, 왕벚나무의 기원에 대한 학술 가치와 생태적 중요성을 확인하기 위한 현장에 가깝다.

신례리 왕벚나무 자생지는 한라산 남쪽 중산간 지대에 있다. 이곳은 1908년, 제주 왕벚나무가 프랑스인 에밀 타케 신부에 의해 세계에 처음 알려진 유서 깊은 장소다. 1964년에 자생지 전체가 천연기념물로 지정되었을 정도로 가치가 높다. 왕벚나무와 주변 식생을 보호하기 위한 노력을 꾸준히 하고 있다는 뜻이다. 그래서인지 가까이 다가가는 것이 쉽지는 않다.

수악교 버스정류장에서 신례리 왕벚나무 자생지로 향하는 길은 이정표가 드물다. 흔한 관광지가 아니기 때문이다. 다행히 수악교 인근의 왕벚나무 자생지 일부가 개방되어 접근이 쉬워졌다. 5.16도로 성판악휴게소에서 서귀포 방향으로 약 10분 거리인 수악교 인근에 주차 공간이 마련되어 있다. 대중교통을 이용한다면 제주시외버스터미널에서 281번 버스를 타고 수악교 정류장에서 내리면 된다.

입구를 찾아 안쪽으로 들어서는 순간, 한라산의 원시림이 펼쳐진다. 짧은 오솔길이 숲속으로 안내하는데, 마치 성스러운 구역에 들어서는 듯한 느낌이다. 곧, 사방으로 가지를 펼친 왕벚나무가 눈에 들어오기 시작한다.

판타지 영화 속 한 장면처럼 거대한 나무가 숲의 수호자처럼 근엄한 자태를 뽐낸다.

　짧은 여정이지만, 여운은 깊다. 아무도 없는 곳에 서서, 고요한 숲의 기운을 오롯이 받는 왕벚나무의 모습을 지그시 바라보자. 우리가 그동안 보았던 왕벚나무와는 사뭇 다른 느낌이 오묘하게 전해져 올 것이다. 우리가 봄마다 즐기는 벚꽃놀이의 시작이 이곳이라는 사실이 그저 놀랍다. 만약 벚꽃이 피는 시기에 맞춰 신례리 왕벚나무 자생지에 방문한다면 화려한 벚꽃 축제장과는 색다른 분위기에 놀라게 될 것이다. 이 왕벚나무는 인공적으로 조성된 가로수와 달리, 대자연이 품어 낸 생명력으로 가득하니까.

deep GREEN •

왕벚나무

왕벚나무는 장미과 벚나무속에 속하는 낙엽 활엽 교목이다. 키는 15m까지 자라며, 잎이 나기 전인 4월 초순에서 중순 무렵에 흰색 또는 연한 분홍색의 큰 꽃이 풍성하게 피어나는 것이 특징이다. 생육 조건이 까다로운 편이다. 토심이 깊고 비옥하며 습기가 적당한 곳에서 잘 자라며, 추위에는 다소 약한 특성이 있다.

왕벚나무는 세계적으로도 그 수가 매우 적은 희귀종으로, 특히 제주 신례리 자생지는 왕벚나무의 기원과 분포 연구에 있어 중요한 식물지리학적 가치를 지닌다. 이 일대에서 자생 중인 왕벚나무의 키는 평균 10m, 사람의 가슴 높이에서 잰 나무줄기의 지름은 평균 1m에 달한다.

봄철 짧은 기간 동안 만개하는 벚꽃을 만나기 위해서는 방문 시기를 잘 맞추는 것이 중요하다. 신례리 왕벚나무 자생지에서 피는 벚꽃은 다른 제주 벚꽃보다 일주일에서 열흘 정도 개화가 늦다. 이곳을 찾아가는 길에 만개한 왕벚나무꽃을 만날 수 있다.

from GREEN •

가시리 녹산로

매년 봄, 유채꽃과 벚꽃이 어우러져 환상적인 경관을 연출하는 드라이브 코스다. 북쪽의 제동 목장입구 교차로부터 남쪽의 가시2리 교차로까지 약 9km에 이르는 길 양옆으로 유채꽃과 왕 벚나무가 식재되어 있다. 유채꽃의 노란색과 벚꽃의 연분홍색이 만들어 내는 조화로운 풍경 덕 분에 봄철 제주도의 대표적인 핫플레이스로 손꼽힌다. 유채꽃프라자와 조랑말체험공원 주변 으로도 유채밭이 조성되어 있으며, 이곳 또한 사진 촬영 명소로 유명하다.

주소 제주 서귀포시 표선면 녹산로 464-65

성읍민속마을

제주 전통 가옥과 생활 문화가 원형 그대로 보존된 마을이다. 단순한 유적지가 아닌 실제 주민 들이 거주하며 삶을 이어 가는 살아 있는 박물관이라는 점이 가장 큰 특징이다. 1423년부터 약 500년간 정의현의 중심지 역할을 수행했던 읍성으로, 성벽과 객사, 향교 등의 유적지는 물 론, 제주 특유의 전통 가옥까지 남아 있다. 특히, 제주 전통 가옥의 독특한 건축 양식을 확인할 수 있다는 점이 매력적이다.

주소 제주 서귀포시 표선면 성읍정의현로 30 **문의** 064-710-6797 **입장료** 무료(개별 체험 유료)

김영갑갤러리두모악

제주의 아름다움에 매료되어 평생을 바쳐 섬을 기록했던 고(故) 김영갑 사진작가의 작품과 삶 의 흔적이 담긴 공간이다. 이 갤러리는 작가가 루게릭병으로 투병하는 힘겨운 상황 속에서도, 자신의 작품들을 온전히 보존하고 대중에게 선보이고자 폐교였던 삼달분교를 직접 개조하여 만들었다. 갤러리 내에는 제주 고유의 풍경을 섬세하게 담아낸 그의 작품을 만나볼 수 있는 전 시 공간이 마련되어 있다.

주소 제주 서귀포시 성산읍 삼달로 137 **문의** 064-784-9944 **운영시간** 09:30~17:00(하절기 18:00까지, 입장 마감 1시간 전) **휴무** 매주 수요일, 설날 및 추석 당일 **입장료** 어른 5,000원, 청소년/ 어린이 3,000원 **홈페이지** www.dumoak.co.kr

성읍민속마을

김영갑갤러리두모악

the GREEN #17

서귀포
큰엉해안경승지

·

검푸른 바다를 향해 열린 절벽,
난대림 터널이 드리운 그늘
짱짱나무가 품은 붉은 열매처럼
은근히 빛나는 숲의 길

—

• Info •

주소 제주 서귀포시 남원읍 태위로 522-17
문의 064-760-4181
운영시간 상시 개방 | 연중무휴
대중교통 서귀포버스터미널에서 버스 201번 약 50분

• 큰엉해안경승지 •

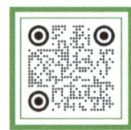

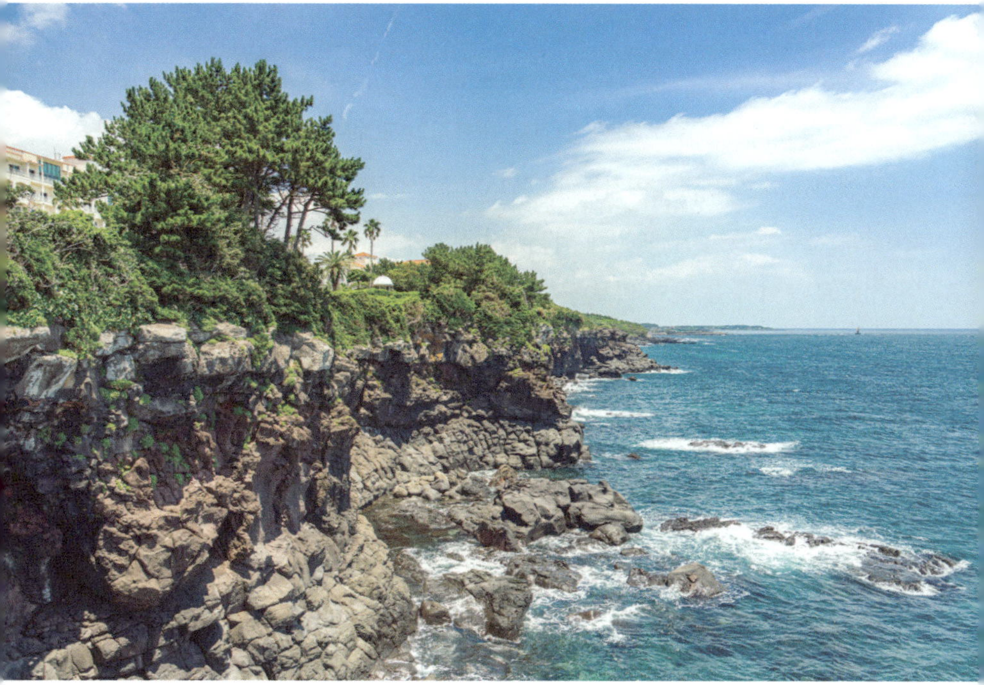

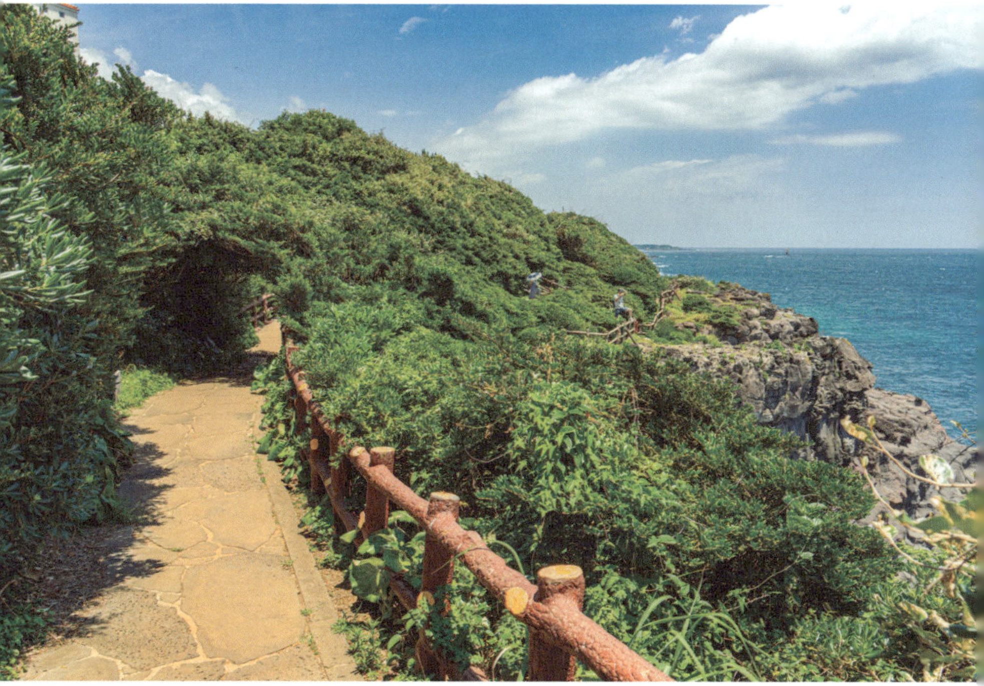

제주올레는 제주도를 따라 걷는 대표적인 도보여행길이다. 그중 남원포
구에서 쇠소깍까지 이어지는 13.4km의 5코스는 해안 산책로와 난대수종
으로 가득한 숲이 균형 있게 어우러진 길이다. 이 코스의 매력을 가장 압축
적으로 보여 주는 곳이 바로 큰엉해안경승지 구역이다.

큰엉해안경승지는 거대한 해안절벽(큰엉)을 따라 난대수종이 울창하게
숲을 이루고 있어 독특한 풍광을 선사한다. 산책로의 길이는 약 1km 정도
로, 대부분 평지로 이루어져 있다. 누구나 쉽게 산책하듯 둘러보는 것이 가
능하다. 일반 여행자에게는 한반도 지형의 모습을 한 숲 터널로 유명한 곳
이다. 큰엉해안경승지를 관통하는 탐방로이자, 제주올레 5코스에 해당하
는 이 길은 바다보다는 숲에 가까운 풍경을 자랑한다. 이 숲에는 사계절 내
내 푸른 잎을 자랑하는 난대수종이 가득하다. 주로 후박나무와 동백나무
등 상록 활엽수에 속하는 난대수종이다. 언제든 짙은 초록의 숲, 광활한 바
다를 동시에 즐길 수 있다.

다양한 종류의 나무로 가득한 큰엉해안경승지의 숲길에서도 유난히 존
재감을 드러내는 나무가 하나 있으니, 바로 꽝꽝나무다. 겨울부터 초봄까지
붉은 열매를 맺는 이 나무는 제주 해안가의 볕이 잘 드는 숲에서 쉽게 눈에
띈다. 마치 크리스마스트리 장식을 매달아 둔 모습이 연상된다. 누구든, 겨
울철에 큰엉해안경승지에 방문한다면 겨울의 차가운 공기 속에서도 붉게
빛나는 꽝꽝나무 열매에 시선을 빼앗긴다.

큰엉해안경승지는 제주올레 5코스의 중간 지점에 자리한다. 코스를 전
부 걷기 어렵다면, 이곳에만 잠시 들러 숲길을 산책해 보는 것도 좋다. 여름
에는 숲속에 놓인 의자에 앉아 청량감 가득 머금은 바다를 감상해 보고,

겨울에는 꽝꽝나무에 맺힌 열매가 길을 예쁘게 수놓은 모습을 즐기기를 바란다. 이곳을 찾는 여행자들은 으레 한반도 지형 형태로 뚫린 숲 터널을 보러 온다지만, 좀 더 깊이 들어가 보면 제주의 다양한 난대수종이 만든 독특한 생태계를 더 자세히 만날 수 있다.

단순히 숲만 살펴보고 떠나기에는 아쉽다. 해안을 따라 펼쳐진 기암괴석의 자태가 바로 곁이다. 큰엉해안경승지는 화산활동과 오랜 침식 작용으로 형성된 제주도의 독특한 지형을 가장 잘 보여 주는 곳 중 하나다. 이곳의 절벽은 약 10만 년 전 분출된 용암이 굳은 뒤 파도와 바람에 의해 서서히 깎여 나간 것이다. 바닷가 절벽을 따라 이어지는 용암동굴 흔적을 통해 제주의 화산섬 탄생 과정을 직접 확인할 수 있다.

꽝꽝나무

꽝꽝나무는 감탕나무과에 속하는 상록 활엽 교목으로, 우리나라 제주도와 남부 해안 지방, 일본, 중국 등에 분포한다. 높이 3m까지 자라며 잎은 타원형으로 윤기가 나고 짙은 녹색이다. 특히 겨울철에 붉고 둥근 열매가 주렁주렁 매달리는 모습이 아름다워 한반도 남쪽에서는 관상수로 인기가 많다. 이 열매는 이듬해 봄까지 달려 있어 겨울철 새들의 중요한 먹이가 되기도 한다. 꽝꽝나무는 따뜻한 기후를 좋아하고 추위에 약하다. 제주도의 온화한 해양성 기후에서는 잘 자라 울창한 숲을 이룬다.

나무기둥을 두드리면 꽝꽝 소리가 난다고 해서 꽝꽝나무라 불린다는 설이 있지만, 확인할 길은 없다. 다만 국립수목원의 자료에 따라 좀꽝꽝나무라는 이름보다 꽝꽝나무라는 본래 이름은 잊지 못할 듯도 하다. 꽝꽝, 두드리기보다 슥슥 어루만진다. 따스한 제주의 온기 덕인지 꽝꽝나무의 맨들거리는 이파리도 반짝인다. 난대수종 숲은 생물 다양성이 풍부하고, 숲이 내뿜는 피톤치드 등은 심신 안정에 도움을 주어 걷기 좋은 환경을 제공한다. 꽝꽝나무를 포함한 제주의 난대수종은 단순한 식물을 넘어, 섬의 생태적 가치와 아름다움을 상징하는 중요한 요소이다.

from GREEN •

쇠소깍

제주올레 6코스 초입 근처에 있는 천연 협곡이다. 한라산에서 흘러내려온 효돈천의 담수와 바닷물이 만나는 독특한 지형이다. 에메랄드빛 맑은 물과 검은 현무암이 어우러진 신비로운 풍경이 인상적이다. 나무로 만든 작은 배 '테우' 또는 카약을 타고 협곡을 더 가까이에서 즐길 수도 있다. 쇠소깍 주변으로는 울창한 소나무 숲이 이어져, 산책하기에도 좋다.

주소 제주 서귀포시 쇠소깍로 104(주차장) **운영시간** 상시 개방(테우 체험 09:00~18:00) **입장료** 무료(테우 체험 별도)

휴애리자연생활공원

제주의 풍경을 한 자리에 압축해 놓은 듯한 테마공원이다. 사계절 내내 다채로운 꽃 축제가 이어지는 것이 특징이다. 봄에는 매화, 여름에는 수국, 가을에는 핑크뮬리, 겨울에는 동백꽃이 공원 전체를 아름답게 수놓는다. 동물 먹이 주기 체험은 아이들에게 인기가 많다. 감귤 따기 체험 프로그램을 운영하기도 한다. 곳곳에 아기자기한 포토존이 많아 기념 사진을 남기려는 여행객이 즐겨 찾는다.

주소 제주 서귀포시 남원읍 신례동로 256 **문의** 064-732-2114 **운영시간** 09:00~18:00(연중무휴) **입장료** 어른 13,000원, 청소년 11,000원, 어린이 10,000원

위미 동백나무군락지

이곳은 오래전 마을 주민인 현맹춘 할머니가 황무지에 동백 씨앗을 심어 가꾼 곳이다. 현재는 제주특별자치도 기념물로 지정될 만큼 그 가치를 인정받고 있을 정도로 울창한 모습을 자랑한다. 매년 12월 중순부터 1월 말까지 동백꽃이 만개하여 붉은 꽃송이들이 장관을 이룬다. 10m에 달하는 키 큰 동백나무들이 웅장하고 아름다운 분위기를 자아내는 모습이 인상적이다.

주소 제주 서귀포시 남원읍 남위남성로 321-12

쇠소깍

휴애리자연생활공원

the GREEN #18

전주
한국도로공사 전주수목원

·

고속도로 건설 현장에서 피어난
예상 밖의 오아시스
자연이 선사하는 달콤한 위로와
계수나무의 사랑스러운 속삭임

—

· Info ·

주소 전북 전주시 덕진구 번영로 462-45

문의 063-714-7200

운영시간 09:00~18:00 | 매주 월요일, 설날, 추석 휴무

입장료 무료

대중교통 전주고속버스터미널에서 버스 401, 402, 403, 420번 약 1시간

· 한국도로공사 전주수목원 ·

한국도로공사가 운영하는 수목원이 있다는 사실은 다소 의외다. 본래 이곳은 고속도로 건설로 훼손된 자연을 복원하기 위해 조경수를 키우던 묘포장이었으나, 시간이 흘러 지금은 시민과 여행자들이 즐겨 찾는 휴식 공간으로 자리매김했다. 수목원의 규모는 예상외로 크다. 30만㎡가 넘는 넓은 부지에 24개의 주제원을 섬세하게 구성해 놓아 둘러보는 재미가 있다. 주제마다 특색 있는 식물을 심고 관리해, 각기 다른 풍경이 펼쳐진다. 특히 들풀원과 허브원은 계절별로 변화하는 풍경을 선보이며 방문객들의 발길을 잡아끈다. 트리하우스를 품은 수국원, 작은 개울이 흐르는 수생식물원과 활엽수로 가득한 계류원, 한국의 아름다움을 정원에 접목한 장미원 등은 사진 촬영 장소로 인기가 높다.

정해진 산책로도, 꼭 가 보아야 할 공간도, 반드시 해야 할 것도 없다. 전주수목원의 식물 분포 상황과 정원 테마가 담긴 지도는 그저 참고용이다. 자연의 소리에 귀를 기울여 가며, 천천히 발걸음을 옮겨 전주수목원의 구석구석 거닐어 보자. 연못가를 지날 때는 숲속을 탐험하는 느낌이 들고, 잘 가꾼 정원을 가로지를 때는 한국도로공사의 조경 수준에 감탄하게 된다.

그 밖에도 전주수목원을 방문한 이들의 마음을 빼앗는 곳이 더 있다. 화려하게 꾸며진 정원도, 웅장한 나무로 가득한 숲도 아닌 작은 계수나무 몇 그루가 사람들의 마음을 사로잡는다. 계수나무라고 하면 보통 달나라 옥토끼가 떠오른다. 하지만 우리가 아는 달나라 속 계수나무는 사실 녹나무과의 상록수로, 이곳에 식재된 낙엽수 계수나무와는 전혀 다른 종류로 알려져 있다.

계수나무는 교육홍보관 뒤쪽, 무궁화원 근처에서 찾을 수 있다. 나무 근처에 다가서면 독특한 솜사탕 향이 길을 안내한다. 자연스럽게 계수나무와 마주치고 싶다면, 수목원을 반시계 방향으로 돌아 무궁화원과 암석원 사이의 오솔길로 들어서면 된다. 수목원 내에 계수나무는 몇 그루에 불과하지만, 이 독특한 향 덕분에 많은 방문객이 발길을 멈춘다. 계수나무가 건네는 달콤한 유혹이다. 한반도의 산천이 화려한 색으로 물드는 가을, 전주수목원 계수나무는 가장 향기롭다. 발길 닿는 대로 여유롭게 숲을 산책하다가 벤치에 잠시 앉으면, 바람결에 전해지는 달콤한 향이 천천히 온몸을 감싼다.

deep GREEN •

계수나무

계수나무는 계수나무과에 속하는 낙엽 활엽수로, 동아시아가 원산지다. 높이는 약 20~25m 까지 자라며, 잎은 마주나고 넓은 달걀 모양을 하고 있다. 계수나무의 진정한 매력은 가을에 드러난다. 잎이 노랗게, 때로는 붉은빛으로 물들면서 독특한 달콤한 향기를 뿜어낸다. 캐러멜 이나 솜사탕에서 나는 달콤한 향에 가깝다. 계수나무 잎에 함유된 '맥아당'이 그 원인이다. 계 수나무를 영어로 '캐러멜 트리(Caramel Tree)'라고 부르는 이유다.

향기만큼이나 사랑스러운 요소는 하트 모양의 잎사귀. 노랗고 빨갛게 물든 잎들은 달콤한 향과 어우러져 수목원을 찾은 사람들에게 따뜻한 감성을 선사한다. 가까이 다가가 나뭇잎을 손에 들고 향기를 맡으면, 마치 계절이 전해 주는 특별한 선물을 받은 듯한 기분이다.

계수나무는 주로 공원이나 수목원에 관상용으로 식재된다. 단풍이 아름답고 병충해에 강해 조경수로 인기가 많다. 중국에서는 꽃을 말려 디저트에 넣어 향긋한 풍미를 더하고, 잎과 가 지는 차로 달여 혈액순환과 스트레스 완화에 도움을 준다고 알려졌다.

from GREEN •

전주한옥마을

약 700여 채의 전통 한옥이 밀집해 있는 전주한옥마을은 과거와 현재가 공존하여 독특한 분위기를 자아내는 관광지다. 일제강점기 시절, 일본인 상인들의 세력 확장에 대항하여 한국인들이 한옥을 짓고 모여 살면서 자연스럽게 형성된 구역이다. 한복을 대여해 입고 마을을 거닐거나, 전통 공예나 놀이 체험을 즐길 수 있다. 전통차, 비빔밥 등 향토음식부터 길거리 음식, 다양한 개성을 뽐내는 카페도 즐비하다.

주소 전북 전주시 완산구 기린대로 99(전주한옥마을관광안내소) **문의** 063-282-1330

덕진공원

전북대학교 전주캠퍼스 서쪽에 자리한 호수공원이다. 약 13만 평에 달하는 넓은 면적에 탁 트인 호수를 품고 있어 지역 주민은 물론, 관광객에게도 꾸준히 사랑받는 휴식 공간이다. 1940년대에 조성된 덕진호에는 여름마다 연꽃이 피어나며 특별한 풍경을 연출한다. 호수 주변으로는 야간 경관 조명이 설치되어, 야경을 즐길 수도 있다. 연못 가장자리를 따라 덕진호반길이 조성되어 있으며, 산책로는 숲속 오솔길로도 이어진다.

주소 전북 전주시 덕진구 권삼득로 390-1 **문의** 063-239-2601

국립전주박물관

전북 지역의 문화유산을 수집, 보존, 연구, 전시하는 곳이다. 전주를 비롯해 전북 전역에서 출토된 도자기류를 전시한 미술공예실이 돋보이며, 조선 왕조와 관련된 유물을 다수 소장하고 있다. 전북 지역의 역사를 상세하게 소개하는 역사실, 전주와 조선 왕실을 집중 조명한 전주와 조선왕실실에는 이 박물관에서만 볼 수 있는 유물로 가득하다. 어린이 박물관을 함께 운영한다.

주소 전북 전주시 완산구 쑥고개로 249 **문의** 063-223-5651 **운영시간** 10:00~18:00(17:30 입장 마감) **휴무** 1월 1일, 설날, 추석 **입장료** 무료 **홈페이지** https://jeonju.museum.go.kr

전주한옥마을

국립전주박물관

the GREEN #19

통영
나폴리농원

•

남해의 푸른 물결 곁에,
그윽하게 퍼지는 깊은 숲의 향기
맨발로 걷는 흙길 위에서
경험하는 진정한 치유

———

• Info •

주소 경남 통영시 산양읍 미륵산길 152
문의 055-641-7005
운영시간 10:00~16:00 | 매주 화요일 휴무
입장료 15,000원(맨발치유 자유체험)
대중교통 통영종합버스터미널에서 버스 105번 약 1시간

• 나폴리농원 •

동양의 '나폴리'라는 표현이 가장 잘 어울리는 남도의 미항. 통영은 한려수도의 아름다운 풍경을 품은 항구도시다. 거기에 통영의 숲은 그 매력을 더한다. 멀리 가지 않아도 좋다. 미륵산 중턱에 짙은 초록으로 가득한 오솔길, 피톤치드를 내뿜는 편백 숲이 있다.

나폴리농원은 편백 숲을 마음껏 누릴 만한 테마공원이다. 2005년 개원한 이곳은 편백과 피톤치드를 활용한 여러 체험 프로그램을 갖추고 손님을 맞이한다. 오랜 시간 한 개인이 가꾼 편백 숲에는 가볍게 산책할 만한 길이나 선베드에 누워 휴식할 만한 공간, 이색적인 사진 한 장 남길 만한 포토존도 마련되어 있다. 힐링이 필요한 이들에게 제격이다.

나폴리농원은 예약제로 운영한다. 사람들이 여유롭게 편백 숲을 경험할 수 있도록 서로를 배려한 방식이다. 농원에 도착하면 가장 먼저 웰컴 티를 내어 준다. 이곳에서 직접 만들었다는 아로마오일을 발라 심신을 정돈할 수 있도록 돕기도 한다. 영상 자료를 통해 편백에 관한 설명, 나폴리농원의 주요 장소를 소개받은 뒤, 자유롭게 산책에 나서게 된다. 그것도 맨발로.

가장 먼저 만나는 길은 '맨발 효소의 길'이다. 젖은 흙이 길을 따라 깔려있는데, 편백 톱밥에 효소를 섞어 발효시킨 것이다. 걷기 전에 해야 할 것이 하나 있다. 편백의 어린잎 하나를 떼어 입에 넣고 씹어 보는 거다. 호흡을 길게 들이마셨다가, 크게 내뱉는다. 독특한 편백 향이 날카롭게 코끝을 자극한다. 바로 편백이 강하게 내뿜는 피톤치드를 느낄 수 있다.

맨발로 흙을 밟는 순간, 생경한 자극이 발끝에서 머리끝까지 전해진다. 처음에는 어색하지만, 온몸의 열기가 씻기는 느낌이다. 그러다 점점 상쾌해지기 시작한다. 질퍽이고 끈적일 것이라고 생각했던 진흙은 이제 부드럽고

촉촉한 감촉으로 변한다. 몸에 쌓여 있었을 열기가 발바닥을 통해 빠져나가고, 이내 시원해진다. 선선히 걷다가 곳곳에 마련된 쉼터에서 더욱 다채롭게 편백 숲을 즐길 수 있다. 편백으로 만든 오두막이나 아기자기한 포토존, 해먹 등이 마련되어 있다. 그저 마음 가는 대로 편백 숲의 감성 속에서 한껏 여유를 즐긴다.

산책로를 크게 한 바퀴 돌고 나면, 자유를 만끽하게 해 주었던 맨발을 씻어 낼 시간이다. 편백 오일이 함유된 물로 족욕을 하면서 나폴리농원 산책을 마무리한다. 따뜻한 온기가 온몸에 전해지고, 마음이 평온해지는 순간이다.

deep GREEN •

편백

편백은 측백나무과의 상록 침엽수이다. 곧게 뻗은 줄기와 부드러운 잎이 특징이며, 특히 피톤치드(Phytoncide)를 다량 방출하는 것으로 유명하다. 피톤치드는 식물이 자신을 보호하기 위해 내뿜는 천연 항균 물질로, 스트레스 호르몬인 코르티솔의 혈중 농도를 줄여 주는 효과가 있단다. 특유의 향이 중추신경계를 자극해 심신을 안정시키며, 면역력을 강화하는 데도 도움이 된다고. 편백은 목재가 단단하고 물에 강하며 향기가 좋아 건축 내장재, 가구, 욕조 등으로도 많이 활용된다.

다른 침엽수와 다르게 따뜻한 기후에서 잘 살아간다. 주로 한반도 남부와 일본에 분포한다. 현재 우리가 볼 수 있는 편백은 한국 자생종이 아니다. 20세기 초에 일본에 의해 반입되어 오늘날에 이르고 있다.

나폴리농원은 편백에서 추출한 피톤치드를 다방면에 활용한다. 에센스오일을 만들기도 하고, 피톤치드 향을 첨가한 각종 상품을 판매하기도 한다. 여행에서 만난 편백나무의 향을 집까지 가져와 오래 기억하기 좋다.

from GREEN •

미래사

954년 효봉 스님이 창건한 사찰로, 수행과 선에 중점을 둔 도량이다. 주변으로 편백이 빼곡하게 숲을 이룬다. 경내로 들어서는 길부터 빼곡히 들어선 편백나무들이 피톤치드를 내뿜는다. 사찰은 아담한 편으로, 북적거리는 여행지를 벗어나 평온한 분위기를 느끼려는 이들에게 제격이다. 미래사의 고요한 분위기를 마음껏 누려 보고 싶다면 템플스테이를 경험해 보자.

주소 경남 통영시 산양읍 미륵산길 192 **문의** 055-645-5324

통영 케이블카

미륵산 북쪽 기슭에서 정상부까지 이어지는 케이블카로, 한려수도의 아름다운 다도해 풍경을 한눈에 조망할 수 있는 시설로 유명하다. 케이블카를 타고 하부 승강장부터 정상부까지 이동하는 데 걸리는 시간은 약 10분에 불과하다. 상부 승강장에서 정상까지는 비교적 난도가 낮은 산책로가 이어진다. 강구안을 중심으로 통영 시내의 풍경을 조망할 수 있으며, 맑은 날에는 일본 대마도가 보일 정도로 시야가 트이기도 한다.

주소 경남 통영시 발개로 205 **문의** 1544-3303 **운영시간** 10:00~18:00 **휴무** 매월 2, 4주 수요일 **입장료** 어른 왕복 17,000원, 어린이 왕복 13,000원 **홈페이지** https://cablecar.ttdc.kr

달아공원

한려해상국립공원의 아름다운 다도해 풍경을 한눈에 조망할 수 있는 명소다. 공원 내 전망대에 서면 저도, 송도, 학림도, 욕지도, 연대도 등 크고 작은 섬들이 그림처럼 펼쳐진 풍경을 감상할 수 있다. 특히 노을 명소로 유명해, 해 질 녘 붉게 물드는 하늘과 바다, 그리고 섬들의 조화가 인상적이다. 사방이 탁 트인 지형적 특성 덕분에 달이 뜨고 지는 풍경을 감상하기에도 좋다.

주소 경남 통영시 산양읍 연화리 114-2 **문의** 055-650-0580 **운영시간** 상시 개방 **입장료** 무료

미래사

달아공원

평창
월정사 전나무숲길

•

천년고찰 월정사를 감싼
600년 전나무 숲이 전하는
고요한 바람 소리
그 사이로 이어지는 사색의 발걸음

—

• Info •

주소 강원 평창군 진부면 오대산로 374-8 월정사
문의 033-332-6417(오대산국립공원)
운영시간 일출 2시간 전 ~ 일몰 | 연중무휴
입장료 무료
주차료 경차 및 전기차 3,000원, 중형 6,000원, 대형 9,000원
대중교통 진부시외버스터미널에서 13km, 버스 226번 약 25분

• 월정사 •

강원도 평창, 오대산에는 울창한 전나무 숲이 있다. 신라 시대에 자장율
사라는 승려가 창건한 월정사를 품은 숲이다. 주변의 생태계와는 달리 전
나무로 빼곡하게 둘러싸인 모습이 왠지 모르게 오묘한 분위기를 자아낸다.
천년고찰의 신비를 오롯이 지켜 내야 한다는 사명감이라도 품은 듯하다. 오
대산 탐방지원센터를 지나면 전나무 숲이 시작된다. 2차선 도로 양옆으로
늘어선 전나무들이 하늘마저 뒤덮은 채 오가는 이를 맞이한다. 전나무 숲
사이로 난 도로는 오대천을 거슬러 오른다. 월정사는 물론, 11km 거리에
있는 상원사까지도 연결된 길이다. 길을 따라 깊숙이 들어갈수록, 속세와
멀어지는 느낌이다. 사람들이 흔히 이야기하는 '월정사 전나무 숲길'은 월
정사 일주문부터 금강교까지 이어지는 900m 구간을 의미한다. 상원사로
향하는 도로와는 달리, 차량을 통제하고 사람들이 거닐 수 있도록 한 곳이
다. 국립공원공단이 오대천 건너편으로 무장애 탐방로를 조성해 연결한 덕
택에, 이제는 총 1.9km에 달하는 산책길이 됐다.

내가 월정사 전나무 숲길을 처음 찾은 것은 15년 전의 일이다. 서투른
운전 솜씨로, 친구와 함께 설경을 보기 위해 떠난 여행이었다. 눈이 채 녹지
않은 도로를 달려 도착한 월정사 주차장에서 본 전나무 숲의 새하얀 풍경
은 우리의 눈길을 사로잡았다. 우리는 눈밭을 처음 보는 강아지처럼 이리저
리 뛰어다녔다. 몸과 마음이 경건해야 할 천년고찰 앞이라지만 어쩔 도리가
없었다. 금강교부터 일주문까지, 다시 일주문에서 금강교까지 몇 번이나 왕
복했는지 정확히 기억나지는 않는다. 그 뒤로도 틈만 나면 이곳을 찾는다.
최종 목적지로 삼은 적은 별로 없다. 어쩌다 한 번씩, 이 앞을 지나칠 때마
다 뭐에 홀리기라도 한 듯이 내비게이션의 목적지를 월정사로 변경한다. 다

른 일정을 위해 이 근처에 방문할 일이 있더라도, 일부러 1~2시간쯤 여유를 두고 온다. 특별한 것은 없다. 그저 월정사 전나무 숲길을 슬렁슬렁 거닐 뿐이다.

평일 오전 시간대라면 더할 나위 없이 좋다. 방문객이 적어 전나무 숲길의 고요한 분위기를 홀로 누릴 수 있으니까. 오대천 흐르는 소리와 전나무 사이를 유영하는 바람 소리를 들으며, 흙길의 촉감을 느끼며 보내는 두어 시간이 그렇게나 마음을 가득 채운다. 계절도 중요하지 않다. 미묘하게 바뀌는 계절의 간극에서 조금씩 달라지는 숲의 순간을 발견하는 즐거움이 크다. 초록 새싹이 돋아나는 시기에도, 짙은 녹음과 매미들의 울음소리가 어우러질 때도, 이곳을 처음 방문했을 때처럼 새하얀 눈이 온 세상을 뒤덮을 때도, 자연의 힘이란.

deep GREEN •

전나무

전나무는 높이 40m, 지름 1.5m까지 자란다. 쭉 뻗은 이파리 모양이 바늘처럼 가늘고 끝이 뾰족하며, 사철 내내 잎이 푸르른 상록 침엽수에 속한다. 기둥과 줄기는 하늘 위로 곧게 솟고, 가지는 땅의 수평으로 퍼지며 전체적으로는 원뿔 모양을 이룬다. 생김새 덕분에 구상나무, 가문비나무와 함께 크리스마스트리로 자주 활용된다.

월정사 전나무 숲이 언제 형성되었는지는 확실치 않다. 고려 말 선승인 나옹선사가 월정사 주변에 전나무를 심으라고 지시해서 만든 숲이라 알려져 있다. 그 시작은 전설에 가깝다 해도, 적어도 600년 이상의 세월을 품은 숲이라는 의미일 터. 실제로 2006년에 쓰러진 나무 한 그루의 수령이 600년에 가깝다는 연구 결과가 있다. 지금도 월정사 전나무 숲길 한쪽에 그루터기가 남아 있다.

현재 이곳의 전나무는 1,700여 그루. 평균 수령은 100년 가까이 된다. 가장 오래된 나무는 380년을 넘기기도 했다고. 전나무들의 평균 수령과는 다르게 천년의 숲이라 불리기도 한다. 숲이 1천 년의 역사를 자랑한다는 게 아닌, 월정사가 신라 시대 때 창건한 천년고찰인 데서 기인한다. 6·25전쟁 때 월정사가 전소하는 등 여러 고난이 무색하게 오랜 시간을 견딘 나무들이 주위를 감싼다.

from GREEN •

월정사

월정사는 신라 선덕여왕 12년(643년) 자장율사가 창건한 사찰이다. 자장이 유학했던 중국 우타이산처럼, 이곳도 문수보살 성지로 만들고자 했던 그의 염원이 담겨 있는 공간이다. 입구에 전통차를 전문으로 하는 카페가 있다. 오대천의 경관을 감상하며 마시는 전통 차 한 잔이 깊다.

주소 강원 평창 진부면 오대산로 374-8 **문의** 033-339-6800 **운영시간** 일출 2시간 전부터 일몰까지(연중무휴) **입장료** 무료 **주차료** 3,000~9,000원 **홈페이지** https://woljeongsa.org

오대산 선재길

월정사부터 상원사까지 이어지는 9km 길이의 숲길이다. 90년대 말 이곳에 도로가 개설되기 전까지 스님과 신도들이 실제로 걸어 다닌 길을 선재길이라 부른다. 길 중간마다 평창과 오대산, 월정사 등 역사 문화 이야기 안내판이 있다. 오대천과 천연림을 감상하며, 쉬엄쉬엄 거니는 옛 사람들의 모습이 상상된다.

주소 강원 평창 진부면 오대산로 374-8 **문의** 033-332-6417(오대산국립공원)
홈페이지 www.knps.or.kr(국립공원공단)

국립한국자생식물원

국내 최초로 한국의 꽃과 나무로만 조성된 식물원이다. 야트막한 언덕에 우리 자생식물만을 위한 파라다이스를 구축해 놓은 듯하다. 개인이 조성하여 운영하던 것을 2021년, 산림청에 기증해 국립식물원으로 거듭난 곳이다. 오대산 자연 속에서 계절에 따라 피고 지는 우리 꽃을 즐길 수 있다.

주소 강원 평창 대관령면 비안길 150-3 **문의** 033-339-9900 **운영시간** 09:00~18:00(입장 마감 17:00) **휴무** 매주 월요일 **입장료** 어른 5,000원, 청소년 4,000원, 어린이 3,000원
홈페이지 https://nbgk.koagi.or.kr

월정사

오대산 선재길

the GREEN #21

하동
쌍계사차나무시배지

·

산사의 고요함 속에
푸른 차밭 물결치는 곳
천년의 향기가 피어나
지친 마음에 스미다

—

• Info •

주소 경남 하동군 화개면 운수리 862
문의 055-880-2950(하동군 종합관광안내소)
운영시간 상시 개방 | 연중무휴
입장료 무료
대중교통 하동버스터미널(하동역)에서 버스 12-8번 약 1시간

• 쌍계사차나무시배지 •

지리산의 남쪽, 섬진강으로 뻗어 나가는 계곡을 따라 차밭이 펼쳐진다. 하동의 차밭은 제주도나 보성에서 볼 수 있는 차밭과는 사뭇 다른 풍경이다. 탁 트인 들판에 오와 열을 맞춘 차나무가 끝 모르고 이어지는 풍경이라기보다는, 거친 산비탈을 따라 크고 작은 차밭이 조성되어 있기 때문이다. 이다지도 열악한 환경에서 재배한 차는 유난히 깊고 풍부한 풍미를 선사한다.

이 일대를 단순히 녹차의 특산지로만 보기는 어렵다. 우리 차 문화의 시작점이 바로 이곳이니까 말이다. 우리나라에서 차나무를 처음 재배했던 사람은 진감선사 혜소로, 신라 시대 인물이다. 그는 당나라로 불교 수행을 위해 떠났다가 돌아온 뒤, 하동에 자리를 잡아 쌍계사의 전신인 '옥천사'를 창건했다. 이후, 혜소가 당나라에서 들여온 차 씨앗을 이곳에 번식시키면서 차 문화를 보급했고, 오늘날까지 이어지게 된 것이다. 덕분에 쌍계사 주변은 우리나라 최초의 차 시배지로 인정받는다.

지금도 당시에 차나무를 심었던 시배지가 남아 있다. 켄싱턴리조트 지리산하동점 옆 차밭이다. 단순히 역사적인 현장으로만 보기에는 어렵다. 쌍계사와 밀접한 관계를 유지하고 있는 법향다원에서 이를 관리하며, 다양한 종류의 녹차를 만들고 있다. 손으로 직접 찻잎을 딴 뒤, 이를 무쇠솥에 덖어 내는 과정을 거쳐 녹차와 발효차를 생산한다.

하동에서만 맛볼 수 있는 특별한 녹차를 즐기러 떠나 보자. 4월 중순부터 찻잎을 수확한다. 곡우(양력 4월 19~20일) 이전에 수확한 것을 우전, 직후에 수확한 것을 세작이라고 한다. 대개 이때의 찻잎으로 만드는 녹차를 고급으로 친다. 그렇다고 해서 이후에 거둔 찻잎의 품질이 떨어진다는 의미는 아니다. 재배와 수확, 덖는 방식, 발효 방식에 따라 각기 맛과 향이

다른 녹차를 만들어 낼 수 있다.

　화개천계곡 주변으로 수많은 다원이 자리한다. 대부분 작은 규모로, 지역 농부들이 오랫동안 가꾸어 온 차밭이다. 마음에 드는 차밭을 찾아 차 한 잔 맛보는 것은 어떨까. 이곳에서 소규모로 차밭을 꾸리는 농부들은 직접 재배, 수확한 뒤 가공한 녹차를 종류별로 나누어 판매한다. 그중 일부는 차밭 옆에서 녹차를 전문으로 하는 카페를 운영하기도 한다. 녹차와 관련된 디저트를 차밭 바로 옆에서 맛보는 것도 하동에서의 시간을 더욱 풍성하게 만들어 줄 것이다.

deep GREEN •

차나무

차나무의 원산지는 중국 남서부 및 동남아시아 지역으로 알려져 있다. 우리나라에는 진감선사 혜소가 당나라에서 들여온 씨앗을 지리산에 심으면서 하동 지역에 차 재배가 시작되었다. 차나무는 일반적으로 습하고 따뜻한 기후에서 잘 자라는 특성을 지닌다. 지리산 자락에 위치한 하동은 연평균 기온과 강수량 등이 차나무 생육에 최적의 조건을 갖춘 지역이다.

하동 지역 차 재배의 가장 큰 특징은 '야생차'라는 점이다. 드넓게 조성된 평지나 구릉지가 아닌, 지리산의 거친 산비탈 경사면에서 야생 그대로 차나무가 자라기 때문이다. 일반적인 경작지의 형태를 넘어, 다양한 고도와 지형, 토양 조건에서 차나무가 재배된다는 것을 뜻한다. 차밭마다 다른 다양한 환경은 하동에서 생산되는 녹차가 각기 다른 풍미와 특성을 지니게 하는 요인으로 작용된다. 생산되는 녹차마다 독특한 맛을 지니는 이유가 여기에 있다.

하동만의 야생차 체험으로 '도심다원(0507-1401-0140)'을 추천한다. 차밭 정자에서 여유롭게 휴식을 즐기며 찻잎 따기 세트와 차 도구를 대여할 수 있다. 예약제로 운영되는 '다담 in 다실' 프로그램은 소규모 다원에서 농부들과 직접 대화하며 차를 마시는 특별한 경험을 제공한다. 각 체험은 최소 하루 전에 예약이 필요하니 미리 연락 후 방문해야 한다.

from GREEN •

화개장터

화개장터는 조선 중엽부터 해방 전까지 전국 5대 시장 중 하나로 손꼽힐 만큼 번성했던 장터다. 남해안의 풍부한 수산물과 소금, 비옥한 호남평야의 곡물, 그리고 지리산록의 산나물과 약초, 목기류 등이 모여 유통되던 영호남 교류의 중심지였다. 섬진강에서 나는 수산물을 재료로 한 재첩국, 참게 매운탕, 은어회, 벚굴 등 지역 별미를 파는 식당도 여럿이다.

주소 경남 하동군 화개면 쌍계로 15 **문의** 055-883-5722 **운영시간** 09:00~19:00(점포별 상이)

하동야생차문화센터

하동군이 직접 운영하는 공간이다. 하동야생차문화축제가 열리는 광장을 중심으로 박물관, 문화센터, 티 카페 등이 자리한다. 박물관에서는 하동의 차 역사와 문화를 살펴볼 수 있으며, 문화센터에서는 체험 프로그램에 참여할 수 있다. 다례, 찻잎 따기, 덖음, 돈차 체험 등을 상설 운영한다. 녹차를 전문으로 판매하는 '티카페하동'에서는 다양한 종류의 녹차를 판매한다. 하동 차한 잔 마시며 창 너머로 펼쳐지는 야생차밭을 감상하기 좋다.

주소 경남 하동군 화개면 쌍계로 571-25 **문의** 055-884-2896 **운영시간** 09:00~18:00 **휴무** 매주 월요일, 공휴일 다음날 **입장료** 무료 **홈페이지** www.hadongteamuseum.org

최참판댁

박경리 대하소설 <토지>를 드라마화하며 건설된 세트장이다. 소설과 드라마의 배경이 된 평사리 들판이 내려다보이며, 작품 속 주요 무대 중 하나인 최참판댁이 구현되어 있다. 조선 말기 한옥의 모습을 고스란히 담고 있다. 넓은 들판과 섬진강이 어우러진 풍경이 아름답다. 장터를 구현한 공간에서는 실제로 주막이 운영된다. 박경리문학관에서 작가의 일생을 살펴보는 것도 잊지 말자.

주소 경남 하동군 악양면 평사리길 66-7 **문의** 055-880-2960 **운영시간** 09:00~18:00(연중무휴) **입장료** 어른 2,000원, 청소년 1,500원, 어린이 1,000원 **홈페이지** www.hadong.go.kr(하동문화관광)

하동야생차문화센터

최참판댁

the GREEN #22

함양
상림공원

•

천년의 그늘,
푸르른 참나무 숲 따라
시간을 거슬러 걷는
고요한 산책길

—

• Info •

주소 경남 함양군 함양읍 필봉산길 49
문의 055-960-5756(함양군 관광안내소)
대중교통 함양시외버스터미널에서 도보 약 20분

• 상림공원 •

상림공원은 우리나라에서 가장 오래된 인공 숲으로 알려진 곳이다. 통일신라 말기인 진성여왕 때, 함양 고을의 태수로 부임한 고운 최치원이 마을과 농경지를 홍수로부터 보호하기 위해 이 숲을 조성했다고 전해진다. 그는 직접 나무를 심으며 마을 주민들과 함께 홍수를 막아 냈다고 하니, 이 숲에는 그의 진심과 애민의 마음이 깃들어 있는 셈이다. 현재 천연기념물로 지정되어 보호를 받는 이 숲은 1.6km에 달하는 긴 제방을 따라 다양한 수종의 나무들이 울창하게 자라는 곳이다. 수백 년 된 참나무를 비롯해 갈참나무, 졸참나무 등의 참나무류와 개서어나무 등 120여 종, 2만여 그루의 활엽수가 계절마다 다른 풍경을 선사한다. 특히 참나무가 많아, 옛날에는 이곳에서 나는 도토리로 주변 주민들이 끼니를 해결했다는 이야기가 있을 정도다.

이제는 예전처럼 위천이 자주 범람하는 것도, 주변에 홍수 피해를 볼 만한 농경지가 많은 것도 아니다. 제방림이었던 상림은 최근 들어 공원화 사업을 진행하며 더욱더 넓어지고, 즐길 거리가 늘어났다. 세월이 흘렀어도, 최치원이 조림한 이 숲은 여전히 오가는 이들에게 행복을 선사하고 있는 셈이다. 그의 선견지명이 천년을 넘어 여전히 이 숲에 남아 있다. 그에 관한 자세한 이야기를 살펴보고 싶다면, 상림공원 옆에 조성된 최치원 역사공원에서 확인할 수 있다.

되도록 자주, 기회가 닿을 때마다 상림공원에 방문하기를 추천한다. 계절에 따라 각기 다른 매력으로 오가는 이들의 시선을 사로잡는다. 숲을 이루는 나무들이 대부분 활엽수라 사계절의 변화가 뚜렷하다. 딱 한 번, 상림공원의 변화상을 제대로 즐겨보고 싶다면 가을이 제격이다. 9월이면 꽃무

릇 군락이 숲을 온통 화려하게 수놓기 때문이다. 저물고 난 후에는 꽃무릇
이 붉게 물들기 시작하는데, 이때의 상림공원은 그야말로 장관이다.

숲 사이로 난 산책로는 대로처럼 넓고, 직선으로 쭉 뻗어 있다. 한 바퀴
크게 돌기만 해도 1시간 이상 걸릴 정도로 큰 규모다. 깊은 숲속 산책로를
따라 걷다 보면, 속세에 벗어나 자연 깊숙한 곳에 들어섰다는 느낌이 든다.
고요한 공기에 미묘한 파동을 일으키는 것은 새들의 노랫소리뿐이다. 흙의
감촉도, 식물이 뿜어내는 싱그러운 내음도 심신을 편안하게 해 준다.

숲 산책만으로 아쉽다면 최근 조성된 연꽃단지를 둘러보자. 최치원 역
사공원으로도 산책로가 이어진다. 언덕에 올라 상림공원과 함양의 풍경을
내려다보는 것은 어떨까. 하천을 따라 길게 펼쳐진 상림공원의 남다른 풍경
이 기다린다.

참나무

참나무는 참나무과의 낙엽 활엽 교목으로, 우리가 흔히 참나무라 부르는 나무는 여기에 속하는 여러 나무를 일컫는 말이다. 전 세계 온대 지역에 널리 분포하며, 무려 600여 종에 달한다. 우리나라에도 신갈나무, 상수리나무, 갈참나무, 졸참나무, 굴참나무, 떡갈나무 등 이른바 '참나무 6형제'가 산야 어디에서나 자라고 있다.

종류에 따라 10~30m 이상 크게 자라는 편으로 줄기가 굵으며, 가지가 튼튼하게 뻗어 수형이 웅장한 것이 특징이다. 모든 참나무류는 도토리를 맺는다. 가을에 숲 어디에서나 흔히 볼 수 있는 도토리는 숲속 동물들의 훌륭한 먹이가 되며, 사람들의 별미로도 인기가 많았다.

예부터 참나무는 유용한 나무의 대명사였다. 조선 시대에는 국가에서 소나무를 전략 자원으로 관리해 벌목을 제한했기에, 민초들은 참나무를 다양한 방면으로 활용했다. 도토리를 주워 묵을 만들거나, 목재를 활용해 농기구를 만들었던 이곳 사람들에게 참나무 숲은 생존과 직결된 공간이었던 셈이다. 지금도 참나무는 광범위하게 쓰이는데, 가장 흔히 보이는 것이 숯이다. 해외에서는 참나무로 통을 만들어 와인 등을 숙성할 때 사용하기도 한다.

from GREEN •

개평한옥마을

함양읍에서 약 8km 떨어진 곳에 자리한 전통 한옥 마을로, 100년 넘은 고택 60여 채가 모여 있는 함양의 대표 선비마을이다. 조선 시대 대학자 정여창 선생의 고택인 일두고택을 중심으로 오담고택, 노참판댁 고가 등 여러 양반 가문의 옛집들이 돌담을 따라 밀집해 있다. 드라마 <토지>와 <다모>, <미스터 션샤인> 등의 촬영지로도 유명하다.

주소 경남 함양군 지곡면 병곡지곡로 910(일두홍보관) **문의** 055-964-5800

하미앙와인밸리

직접 재배한 산머루를 가공하여 와인 등을 빚는 와이너리다. 마치 남유럽에 온 듯한 이국적인 풍경이 인상적인 공간이다. 유럽풍 정원, 와인 창고, 판매장 등을 자유롭게 둘러볼 수 있으며, 이곳의 머루와인을 직접 시음해 보는 것도 가능하다. 레스토랑에서는 하미앙 와인과 잘 어울리는 페어링 요리인 함박스테이크, 피자 등을 판매하기도 한다.

주소 경남 함양군 함양읍 삼봉로 442-14 **문의** 055-964-2500 **운영시간** 09:00~18:00(연중무휴) **입장료** 무료

대봉산휴양밸리

액티비티와 휴양을 모두 갖춘 시설이다. 대봉산휴양밸리는 '대봉산스카이랜드'와 '대봉캠핑랜드'로 나뉜다. 대봉산스카이랜드에서는 대봉산 천왕봉까지 오르내리는 모노레일, 최고 시속 120km까지 질주하는 집라인을 즐길 수 있다. 대봉산스카이랜드 내에는 아로마테라피 프로그램을 저렴하게 이용할 수 있는 '대봉힐링관'이 자리하기도 한다.

주소 경남 함양군 병곡면 병곡지곡로 331 **문의** 055-963-2025 **운영시간** 08:30~16:00(연중무휴, 모노레일, 짚라인 등 운영시간 별도 확인 필수) **입장료** 무료(시설별 유료) **홈페이지** www.hygn.go.kr/daebongvally.web

대봉산휴양밸리

the GREEN #23

가평
경기도 잣향기푸른숲

•

잣나무 군락에 퍼지는
깊고 묵직한 잣나무 향
코끝에 퍼지는 초록 숨결
입안에 퍼지는 진한 고소함

—

• Info •
주소 경기 가평 상면 축령로 289-146
문의 031-8008-6769
운영시간 4월~10월 09:00~18:00, 11월~3월 09:00~17:00
매주 월요일 휴무
입장료 어른 1,000원 / 청소년 600원 / 어린이 300원
주차료 무료
대중교통 청평역에서 약 13km, 차량 이용 약 20분

• 경기도 잣향기푸른숲 •

물 맑고 산 푸른 가평, 그 숲길에 서면 마음까지 맑아진다. 가평 여행을 하다 보면 어딜 가나 잣이 보인다. 펜션, 식당, 카페, 노점상, 관광지 할 것 없이 잣을 판매한다. 잣과자부터 잣라테, 잣두부, 잣죽, 잣막걸리까지. 가평은 그야말로 잣 천국이다. 알고 보니 가평은 전국에서 손꼽히는 잣 생산지다. 이곳에서 잣나무는 그냥 나무가 아니다. 풍경이자 생업이고, 자연이자 일상이다.

수정과 위에 동동 떠 있는 잣은 눈앞에 선명한데 그 잣이 열리는 나무의 모습은 어렴풋하다. 작은 호기심이 불씨가 되어 잣나무를 찾아 나선다. 가평 축령산과 서리산 자락 해발 450~600m에 잣나무가 끝없이 펼쳐진다. 산속 깊은 곳, 숨겨진 비밀의 정원처럼 대중교통의 발길이 쉽게 닿지 않는 곳에 잣나무 숲이 있다. 주차장에 내리자마자 공기가 달라진다. 맑고 상쾌한 공기가 코끝을 스친다. 복잡한 도시에서 가져온 답답한 숨이 천천히 가라앉는다. 오솔길 양옆으로 잣나무가 하늘을 향해 곧게 뻗어 있다. 이렇게 빼곡한 잣나무 숲은 처음 본다. 숲이 나를 환영하듯 잣나무의 호위를 받으며 걷는다.

잣향기푸른숲에는 여러 코스가 있다. 안내 지도를 보고, 걷고 싶은 코스로 발걸음을 옮긴다. 매표소 근처에서 무장애 나눔길이 시작된다. 휠체어나 유아차도 어렵지 않게 오를 수 있는 데크 산책로다. 약 1km로 이어지며 이 길에서 바로 잣향기 피톤치드길이 이어진다. 코스 중간에는 명상 쉼터가 있다. 나무 벤치에 앉아 깊게 숨을 들이마시자 잣나무가 내뿜는 초록 향기가 온몸으로 스며든다. 무거운 머리도 한결 가벼워진 느낌이다. 그냥 기분 탓만이 아니다. 실제로 이곳은 피톤치드 농도가 헤비급에 이른다. 숲 이름이 괜히 잣향기푸른숲이 아니구나 싶다. 할 수만 있다면 나무가 내뿜는 피톤치드를 한가득 담아 오고 싶을 정도다.

숲을 가득 채운 피톤치드는 스트레스 호르몬인 코르티솔을 낮추고 면역력을 끌어올린다. 마음을 차분하게 가라앉히고 집중력까지 향상시켜 주니, 정신없이 살아가는 현대인에게는 자연이 건네는 선물이라 할 수 있다.

잣향기푸른숲을 200% 즐기는 방법! 산책로를 따라 천천히 걸으며 잣나무가 내뿜는 피톤치드를 충분히 느껴 본다. 특히 이른 아침이나 해 질 무렵에는 공기가 더욱 맑고 상쾌하다. 숲이 넓고 갈림길이 많으니, 지도를 잘 살피며 걷는 것이 좋다. 산책과 더불어 즐길 수 있는 숲 해설, 산림치유, 목공 체험 등 다양한 프로그램을 운영한다. 단순한 휴식을 넘어 치유의 시간이 된다.

deep GREEN •

잣나무

잣나무는 겨울에도 푸르름을 잃지 않는 바늘잎을 촘촘히 달고 있다. 잎이 한 번에 떨어지지 않고 오래도록 가지에 달려 있는 상록 침엽수다. 잎 하나하나가 바늘처럼 뾰족해 보이지만 자세히 보면 부드러운 윤기가 감돈다. 한 뭉치에 다섯 개씩 모여 나는 바늘잎은 마치 손가락을 펼친 듯한 모양새다. 잣나무 열매인 잣은 예로부터 귀한 식재료로 여겨졌고, 나무 자체도 풍요와 장수를 상징한다. 잣나무의 가장 큰 매력은 피톤치드 발산량이다. 수치적으로도 월등히 많은 피톤치드를 내뿜어 천연 항균 작용을 한다. 가평 잣향기푸른숲의 잣나무는 생육조건부터가 우수하다. 청정한 공기와 적당한 습도, 비옥한 토양이 어우러져 건강하고 울창한 숲을 만들어 낸다. 이 숲을 지키는 잣나무의 나이는 대개 80살에서 100살이다. 땅에 떨어진 잣송이와 솔잎을 주워 보면 거친 촉감 속에 세월의 흔적이 담겨 있다. 잣나무는 혼자 자라는 것이 아니라 다양한 생명과 더불어 살아간다. 오래 살아 견고하게 뿌리내리며, 수많은 생명을 품어 안는다. 다람쥐와 청설모가 잣을 모아 겨울을 준비하고, 새는 둥지를 틀고 살아간다. 사람 역시 이 숲에서 피톤치드를 마시며 치유를 얻는다.

from GREEN •

아침고요 수목원

깊은 숲속 은밀한 축제가 열린다. 계절이 바뀔 때마다 이 숲은 늘 새롭다. 봄이면 벚꽃과 튤립이, 여름이면 야생화와 수국이, 가을엔 단풍과 국화가, 겨울엔 오색빛 축제가 이어진다. 사계절 내내 크고 작은 축제가 이어져 마치 자연이 준비한 선물 상자를 하나씩 꺼내 보는 기분이다. 꽃 사진 찍는 걸 좋아하는 엄마와 함께 가면, 시간은 어느새 훌쩍 지나간다.

주소 경기 가평군 상면 수목원로 432 **문의** 1544-6703 **운영시간** 08:30~19:00(연중무휴) **입장료** 어른 11,000원 **홈페이지** www.morningcalm.co.kr

축령산 자연휴양림

축령산은 '빌 축(祝)', '신령 령(靈)', '뫼 산(山)'을 쓴다. 즉, '신령스러운 산에 축문을 올린다'라는 뜻을 담고 있다. 예로부터 산신께 제사를 지내던 신성한 산이다. 사람의 손길이 닿지 않은 듯한 고요함 속에서 숲이 내뿜는 자연의 숨결을 만난다.

주소 경기 남양주 수동면 축령산로 299 **문의** 031-8008-6690 **운영시간** 06:00~18:00(연중무휴) **입장료** 어른 2,000원 **홈페이지** www.foresttrip.go.kr(숲나들e)

남이섬

드라마 <겨울연가>의 촬영지로 이름을 알린 지도 어느덧 20년. 선착장에 들어서면 '나미나라공화국'이라는 귀여운 간판이 먼저 반긴다. 작은 나라에 발을 들인 듯, 남이섬은 일상과는 다른 특별한 분위기를 자아낸다. 섬 한가운데를 곧게 가로지르는 메타세쿼이아 길은 남이섬의 하이라이트다. 해 질 녘 강가에서 불어오는 바람은 하루의 피로를 씻어 주듯 시원하다. 아기자기한 포토존과 자연이 어우러져 추억 사진을 남기기에 완벽한 곳이다.

주소 강원 춘천시 남산면 남이섬길 1 **문의** 031-580-8114 **운영시간** 08:00~21:00(연중무휴) **입장료** 어른 왕복 19,000원 **홈페이지** www.namisum.com

아침고요 수목원

남이섬

the GREEN #24

남양주
운길산 수종사

•

흘러가는 구름 속에
흘러가는 강물 속에
천년을 버틴 은행나무
우리의 추억도 그 어딘가에

―

• Info •
주소 경기 남양주 조안면 북한강로433번길 186 수종사
문의 031-576-8411
운영시간 상시 개방 | 연중무휴
입장료 무료
주차료 무료
대중교통 경의중앙선 운길산역에서 약 3km, 차량 이용 약 10분(운길산역에서 도보 약 50분)

• 운길산 수종사 •

(네이버 지도)

"이번 주말에 수종사에 갈 건데 같이 갈래요?"

여행지에서 우연히 만난 A와 이야기를 나누던 중, 그가 조심스럽게 물었다. 데이트 신청인지, 산행 친구를 구하는 건지 어리둥절했지만 나도 모르게 고개를 끄덕였다. 며칠 후 우리는 아침 일찍 운길산역에서 만났다. 등산코스 이정표를 따라 약 10분쯤 걸으면 본격적인 숲길이 시작된다. 눈앞에 산 능선을 따라 흰 구름이 천천히 흐르고 있었다. 그가 아는 척을 하며 물었다.

"이 산의 이름이 왜 운길산인지 알아요? 구름이 머물고 쉬는 산이라서 운길산이라고 해요."

그 말을 듣고 나니 정말로 산 위에 머문 구름이 우리를 맞아 주는 것 같았다.

운길산 자락엔 천 년 넘게 자리를 지켜 온 수종사가 있다. 1시간쯤 오르막을 오르다 보면 숨이 턱까지 차오를 즈음 일주문에 다다른다. 일주문까지 차를 타고 갈 수도 있지만 굽이진 언덕길은 초보 운전자에겐 결코 쉽지 않다.

완만한 언덕을 지나 소나무와 참나무가 만든 푸른 터널을 걷다 보면 '명상의 길'이 나온다. 표지판을 따라 들어가면 숲이 더 깊어진다. 길을 따라 돌계단 끝에 이르니 사찰의 고요함이 가까워진다.

수종사에 들어서니 대웅보전을 중심으로 앞마당에는 석등과 종각이 세월을 머금고 있다. 이 절의 진가는 마당에서 내려다보는 한강 풍경이다. 남한강과 북한강 두 물줄기가 서로를 부둥켜안으며 하나로 흘러가는 양수리의 풍경이 한눈에 들어온다. 강 너머로 겹겹이 이어지는 산자락은 수묵화처럼 번진다. 한참 동안 풍경을 바라보다가 삼정헌이라는 다실로 발걸음을 옮겼다. 누구나 이용할 수 있는 셀프 다실이다. 차가 천천히 우러나는 동안 은은한 향이 공간을 채웠다. 따뜻한 차를 한 모금 마시니 마음이 한결 차분해졌다.

차 한 잔의 여운을 뒤로 하고, 은행나무로 향했다. 경내에는 두 그루의 은행나무가 우뚝 서 있다. 560년 전 세조가 직접 심었다고 전해지는 이 나무들은 오랜 세월 한자리를 지켜 묵묵히 견뎌 왔다. 그는 내게 노란 은행잎이 물들 때쯤 이곳에 다시 오자고 했다. 그날 이후, 계절이 몇 번 바뀌었고 우리의 약속도 시간 속에 묻혔다. 가을바람이 불어올 때면 그날의 운길산이 떠오른다. 누군가에겐 역사와 전설이 깃든 곳, 누군가에겐 전망 좋은 산사, 그리고 내겐 가슴 설레는 추억이 머무는 장소다. 수종사 은행나무는 그날 우리의 약속을 기억하고 있을까.

은행나무

2억 년을 버틴 생명력. 은행나무는 '살아 있는 화석'이라 불리는 낙엽 활엽수다. 공룡 시대부터 지금까지 지구상에 존재해 온 끈질긴 생명력에 박수를 보낸다.

우리나라에서는 절이나 궁궐, 거리에서 많이 볼 수 있는 불멸의 아이콘이다. 은행나무는 수줍은 연인처럼 바람의 손길을 기다린다. 혼자선 열매를 맺지 못하는 암수딴그루라 바람이 수꽃의 꽃가루를 암꽃까지 옮겨 줘야만 열매가 맺힌다. 한 해도 빠지지 않고, 열매를 맺는 약속을 단 한 번도 어긴 적 없는 은행나무. 계절의 신호에 맞춰 자신의 역할을 다하는 모습이 존경스럽다.

남양주 운길산 수종사에는 대웅전 뒤 범종각 근처에 두 그루의 은행나무가 있다. 큰 나무는 높이 약 35m, 둘레 2m, 작은 나무는 높이 25m, 둘레 1.2m에 달한다. 나란히 서서 절을 지키는 모습이 늠름하다.

from GREEN •

능내역 폐역

계절이 흐를수록 추억은 더욱 선명해진다. 능내역은 한때 수많은 사람들이 오가던 작은 간이역이었지만 이제는 기차가 서지 않는 조용한 폐역이 되었다. 오래된 역명판과 녹슨 철로, 시간의 흔적을 머금은 대합실이 아직 그 자리에 남아 있다. 누군가는 이곳을 사진 찍기 좋은 곳이라 하고, 누군가는 옛사랑을 떠올리는 추억의 장소라 말한다.

주소 경기 남양주시 조안면 다산로 566-5

물의 정원

북한강변에 자리한 대규모 수변 생태공원. 도시와는 다른 시간의 흐름을 느끼게 해 준다. 대부분 평지 산책로로 되어 있어 남녀노소 부담 없이 걷기 좋다. 길을 따라 걷는 동안 햇살과 물빛이 어우러져 풍경만 봐도 기분이 상쾌해진다. 한여름 대낮, 그늘 한 점 없는 길에서 모자나 양산은 필수 아이템이다. 코스모스가 만발한 가을에는 꽃길을 따라 자전거를 타는 사람들의 모습이 한 폭의 그림 같다. 탁 트인 강변 풍경과 강가의 평화로움이 마음 깊숙이 스며든다.

주소 경기 남양주시 조안면 북한강로 398

두물머리

북한강과 남한강이 만나는 곳, 그 경계에 두물머리가 있다. 과거에는 나루터로 중요한 역할을 했고, 지금은 자연 풍경, 포토존, 산책로가 잘 어우러진 생태 관광지로 거듭났다. 일교차가 많이 나는 봄과 가을에는 새벽녘 물안개와 일출을 담으려는 사진가들의 발걸음이 이어진다. 1년 중 가장 화려한 시기는 여름이다. 연꽃이 활짝 피어 마치 강 위에 피어난 꿈처럼 수면을 수놓는다. 이곳에서만 맛볼 수 있는 연잎핫도그도 놓칠 수 없다. 연잎 특유의 향이 더해져 또 다른 즐거움을 선사한다.

주소 경기 양평군 양서면 양수리 **문의** 031-775-8700

능내역 폐역

물의 정원

the GREEN #25

서귀포
카멜리아힐

•

송이째 뚝, 땅 위에 툭
추위 속 온기와 위로가 흐르는
숲길의 속삭임

—

• Info •

주소 제주 서귀포시 안덕면 병악로 166

문의 064-759-0088

운영시간 08:30~18:00(하절기 6, 7, 8월 19:00까지)

연중무휴

입장료 어른 10,000원 / 청소년 8,000원 / 어린이 7,000원

주차료 무료

대중교통 서귀포버스터미널에서 16km, 버스 282번, 동광육거리에서 572-2번 환승 약 1시간

• 카멜리아힐 •

제주도의 겨울, 바람은 매섭지만 카멜리아힐에는 온기가 감돈다. 서귀포시 안덕면에 있는 카멜리아힐은 동백나무 수목원이다. 80개국 500여 품종, 6천여 그루의 동백나무가 계절마다 다른 빛깔로 방문객을 맞이한다. 토종 동백부터 애기 동백, 유럽 동백 등 다양한 동백나무가 울창한 숲을 이룬다.

12월부터 2월까지. 붉은 동백꽃이 터널을 이루는 시기가 하이라이트다. 눈 내리는 날에는 더욱 환상적인 분위기를 자아낸다. 봄이 가까워질 무렵 제주 카멜리아힐 산책길에는 송이째 떨어진 동백꽃이 레드카펫처럼 펼쳐진다. 꽃잎이 하나씩 흩날리지 않고 절정의 순간을 그대로 간직한 채 통째로 떨어진 모습이 담담하게 느껴진다. 정해진 산책로를 따라 천천히 걸으면 약 90분이 걸린다. 길을 따라 전통 초가와 돌담, 연못, 온실, 카페, 포토존 등 볼거리가 많아 지루할 틈이 없다.

처음부터 이곳에 동백나무 군락지가 있었던 것은 아니다. 원래 이곳은 감귤밭이었는데 한 개인이 30여 년 동안 동백나무를 심고 가꾸어 지금의 카멜리아힐로 거듭났다. 잘 정돈된 숲길은 오랜 시간과 정성으로 가꿔져 걷는 내내 초록의 기운이 온몸을 감싼다.

이곳은 꽃구경을 너머 자연을 통한 치유와 평화를 느껴 보는 숲이다. 숲길을 걷는 동안 기념품 숍 진열대에 놓여 있던 작은 동백꽃 배지가 떠올랐다. 동백꽃은 제주 4.3사건을 상징하는 꽃이기도 하다. 제주 4.3사건은 수많은 민간인이 희생된 비극적인 역사다. 동백꽃이 4.3사건의 상징이 된 것은 강요배 화백의 '동백꽃 지다' 연작에서 비롯됐다. 겨울에 피어 4월이면 송이째 떨어지는 동백꽃의 모습이 힘없이 쓰러져 간 이들과 겹쳐 보인다. 어른이 되고 나서야 4.3사건을 처음 알았다. 학교에서조차 배우지 못했던 역사다. 실제로 이 사건은 오랫동안 '절대 말하면 안 되는 일'로 여겨졌고, 피해자와 유족마저 자신의 이야기를 꺼내는 것을 두려워했다. 동백꽃에는 이런 아픔과 기다림, 그리고 치유의 시간이 담겨 있다.

처음 카멜리아힐에 갔을 때는 눈 속에 활짝 핀 꽃이 신기해 카메라 셔터를 누르느라 바빴다. 꽃이 질 무렵 다시 찾았을 때는 조금 더 여유롭게 산책을 즐길 수 있었다. 땅에 떨어진 꽃 한 송이를 주워 들어 자세히 바라보니 단단한 꽃잎 사이로 은은한 향기가 퍼져 나왔다. 매서운 추위를 견디며 묵묵히 꽃을 피우는 동백을 보며 여러 가지 생각이 들었다. 언젠가 내 삶의 절정에서도 누군가에게 담백한 위로를 건넬 수 있기를 바란다.

deep GREEN •

동백나무

동백나무는 사계절 내내 푸른 잎을 간직하는 상록 활엽수다. 바람과 추위에도 끄떡없다. 두껍고 윤기가 나는 잎은 타원형으로 단단하게 뻗어 있다. 겨울부터 이른 봄까지 붉은색, 흰색, 분홍색 등 다양한 빛깔의 꽃을 피운다. 꽃잎은 촉감이 부드럽고 두툼하며 5~7장씩 서로 겹겹이 감싸고 있다가 흩날리지 않고 송이째 툭 떨어진다. 겨울철 꿀벌과 동박새 등에게 먹이를 제공해 생태계에서 중요한 역할을 한다.

제주 카멜리아힐의 동백나무 숲은 해발 250m 언덕 위, 6만 평 부지에 6천여 그루가 군락을 이룬다. 대부분의 나무 수령은 30년이 넘는다. 한겨울 추운 날씨 속에서도 말없이 피고 지는 동백꽃에는 침묵 속에 오랜 기다림과 단단한 위로가 스며 있다. 일반적으로 강인함, 인내, 영원한 사랑, 그리고 고귀함을 상징하며 제주에서는 4.3사건의 희생자를 기억하는 꽃으로 자리 잡았다. 참고로 동백나무의 영어 이름은 카멜리아(Camellia)이다.

from GREEN •

산방산

종처럼 우뚝 솟아 있는 모습이 멀리서도 눈길을 끈다. 해발 395m, 정상에 분화구가 없는 둥근 돔 형태의 화산체다. 오름이라 부르기엔 너무 크고, 산이라 하기엔 해안 가까이 홀로 서 있다. 한라산 봉우리가 날아와 이곳에 내려앉았다는 전설이 전해진다. 산방산 정상 일대는 생태계를 보호하기 위해 공개 제한 구역으로 지정되어 있어 산방굴사까지만 갈 수 있다. 계단을 따라 오르다 보면, 용머리 해안과 바다 풍경이 한눈에 들어온다.

주소 제주 서귀포시 안덕면 사계리 산 16

안덕계곡

계곡에 들어서면 초록이 한층 더 깊어진다. 구실잣밤나무, 참식나무, 후박나무가 어우러진 안덕계곡 상록수림은 난대 원시림의 모습을 간직한 곳이다. 이 숲은 그 가치를 인정받아 천연기념물로 지정되었다. 한여름에 가면 선선한 바람을 맞으며 땀이 쏙 들어가는 시원함을 온몸으로 느낄 수 있다. 병풍처럼 둘러싼 기암절벽 사이로 맑은 물이 암반을 따라 흐른다.

주소 제주 서귀포시 안덕면 일주서로 1524

제주곶자왈도립공원

곶자왈은 제주에서만 볼 수 있는 독특한 숲이다. 제주어로 '곶'은 '숲', '자왈'은 '덤불'을 뜻한다. 점성 높은 용암이 크고 작은 바위에 흘러내려 요철 지형을 만들었고, 그 위에 나무와 덩굴, 이끼 등이 얽혀 원시림을 이룬다. 데크길(테우리길)은 누구나 편하게 거닐 수 있는 반면, 빌레길이나 오찬이길은 두 사람이 나란히 걷기도 좁은 흙길, 거친 돌길이다. 걸음을 멈추고 가만히 숨을 고르면 거친 제주의 숨소리가 다가온다.

주소 제주 서귀포시 대정읍 에듀시티로 178 문의 064-792-6047 운영시간 11월~2월 09:00~17:00 3월~10월 09:00~18:00(연중무휴) 입장료 어른(25~64세) 1,000원 홈페이지 www.jejugotjawal.or.kr

산방산   안덕계곡

the GREEN #26

서울
남산 소나무 숲 탐방로 & 소나무 힐링숲

·

솔솔 불어오는 솔향 따라
햇살에 반짝이는 솔잎 따라
사계절 푸른 남산에 안겨 볼까

—

· Info ·

주소 서울 중구 회현동1가
문의 02-3783-5900
운영시간 남산 소나무숲 탐방로 상시 개방 | 연중무휴
소나무 힐링숲 07:00~19:00 | 매주 월요일 휴무
입장료 무료
주차료 주차장 없음
대중교통 4호선 명동역 또는 3호선 동대입구역에서 도보 약 15분

· 남산공원 ·

'남산 위의 저 소나무 철갑을 두른 듯' 애국가 가사에 등장하는 소나무는 정말 남산에 있을까? 실제로 남산에는 조선 시대부터 보호되어 온 소나무 숲이 있다. 남측의 이태원과 국립극장 방향에 자리한 소나무 숲 탐방로, 그리고 북측의 석호정과 동대입구역 방향에 있는 소나무 힐링숲이 그 주인공이다. 남산타워만 보고 돌아가기에는 아쉬운 진짜 남산의 속살이 이곳에 있다. 두 숲의 각기 다른 매력을 비교하며 산책하는 것도 색다른 경험이 된다.

남산 남측순환로를 따라 자연스럽게 조성된 소나무 숲 탐방로가 이어진다. 빽빽하게 들어선 소나무가 내뿜는 푸른 향기는 여기가 서울 한복판이라는 사실을 잊게 한다. 원목 선베드와 테이블 등 쉼터가 있어 자유롭게 산림욕을 즐길 수 있다. 이곳은 별도의 예약 없이 언제든 방문할 수 있는 남산의 대표적인 숲 산책로다. 케이블카나 순환버스를 타고 지나치기만 했던 곳에 깊고 조용한 숲이 숨어 있다. 산책로는 완만한 경사로 시작해 자연스럽게 숲속으로 빨려 들어간다. 키 큰 소나무가 하늘을 향해 쭉쭉 뻗어 있는 모습이 장관이다. 탐방로는 남산의 허리를 감싸듯 이어진다. 길을 따라 걷다 보면 소나무의 생명력에 감탄하게 된다. 척박한 도심 한가운데서 이렇게 푸르고 건강하게 자라는 모습을 보면 존경스럽기까지 하다.

소나무 숲 탐방로 외에도 소나무 숲을 만날 수 있는 곳이 또 있다. 남산 북측순환로 입구에서 도보로 10분 정도 걸어가면 소나무 힐링숲에 도착한다. 석호정 인근에 조성된 소나무 힐링숲은 한때 소나무림 보전을 위해 출입을 제한했다가 2023년부터 개방하고 있다. 이 산책로는 약 600m 길이로 이어지며 명상 데크와 파고라 등 힐링 공간이 마련되어 있다. 예약 없이 누구나 이용할 수 있으며, 산림욕과 명상, 힐링 프로그램이 운영된다. 벤치에 누워 눈을 감고 깊은 숨을 들이마시면 숲 향이 진하게 전해진다. 잠시 머리를 비우고, 걱정과 근심을 내려놓으면 숲이 모든 것을 다 받아 주는 듯한 평온함이 느껴진다. 소나무는 언제나 똑같을 줄 알았는데, 계절마다 전혀 다른 느낌을 준다. 봄에는 새순이 올라 연두색으로 물들고, 여름에는 짙은 초록빛이 숲을 가득 채운다. 가을이면 솔잎 사이로 부드러운 햇살이 스며들고, 겨울에는 하얀 눈을 이고 선 소나무의 고고함이 또 다른 감동을 전한다. 같은 길을 걸어도 계절에 따라 풍경이 달라지니, 언제 가도 새로움이 느껴진다.

소나무

사계절 내내 잎이 푸른 상록 침엽수다. 척박한 산비탈이나 건조한 땅에서도 곧게 뻗어 자란다. 사계절 내내 푸르름을 잃지 않기 때문에 예로부터 강인함과 절개를 상징한다. 거친 듯하면서도 부드러운 솔잎을 손끝으로 만지면 은은한 솔향이 풍긴다.

남산 소나무는 오랜 세월을 견디며 변화의 흔적을 묵묵히 지켜 왔다. 조선 초 태종 11년 (1411년)에 장정 3,000여 명을 동원해 대규모로 식재한 기록이 있다. 당시 한양의 안산인 남산이 푸르러야 왕조가 태평하다는 풍수적 믿음에 따라 산 전체에 소나무를 심고, 산지기까지 둘 정도로 특별히 보호했다. 일제강점기, 남산 소나무 숲은 대규모로 베어졌고 그 자리에 다른 나무가 심어졌다. 민족의 상징성을 약화시키려는 의도였다. 이처럼 남산 소나무는 나라의 흥망과 애환을 함께 겪으며 민족의 정체성을 상징해 왔다. 남산 소나무는 주로 붉은 수피와 약간 굽은 수형이 특징이다. 도심 속에서 양호한 산림 식생을 유지하며 유전적으로도 다른 지역 소나무와 구별되는 독특한 유전형질을 지닌다.

from GREEN •

남산골한옥마을

남산 북쪽 기슭에 있는 전통문화공간이다. 서울 곳곳에 있던 조선 시대 한옥 다섯 채를 옮겨 와 복원했다. 실제 살았던 이들의 신분과 생활상을 반영해 내부를 꾸며 놓은 모습이 눈길을 끈다. 방마다 놓인 소박한 살림살이, 마루에 스며든 햇살, 골목을 따라 흐르는 고요한 시간 속에서 옛 사람들의 일상과 숨결이 자연스럽게 다가온다. 계곡과 연못, 정자 등 전통 조경이 어우러져 옛 남산의 풍류와 정취가 고스란히 느껴진다.

주소 서울 중구 퇴계로34길 28 **문의** 02-6358-5533 **운영시간** 09:00~21:00(11월~3월 20:00까지) **휴무** 매주 월요일 **홈페이지** www.hanokmaeul.co.kr

장충단공원

원래 이곳은 을미사변과 관련된 충신들을 기리기 위해 세워진 장충단이 있던 곳이다. 도심 속 빌딩 숲과 도로에 둘러싸여 있지만 한 걸음 들어서면 소박한 공원이 나온다. 가장 인상적인 순간은 공원 한가운데 우뚝 선 장충단비 앞에 섰을 때다. 장충단비에는 오랜 시간의 무게와 수많은 사연이 켜켜이 쌓여 있다.

주소 서울 중구 동호로 257-10

용산공원

과거 100년 넘게 미군기지로 사용했던 땅을 시민들에게 단계적으로 개방하면서 도심 속 녹지와 휴식처로 거듭났다. 미군 장교 숙소가 있던 부지는 이국적인 분위기를 자아내며 SNS 핫플로 떠올랐다. 도심 속에 시야가 탁 트인 공간이 있다는 사실만으로도 마음이 한결 가벼워진다. 공원을 걷다 보면, 오랜 시간 닫혀 있던 땅이 다시 숨을 쉬는 듯한 생기가 전해진다.

주소 서울 용산구 용산동4가 14 **문의** 070-4224-1708 **운영시간** 09:00~18:00 **휴무** 매주 월요일 **홈페이지** https://parks.seoul.go.kr/template/sub/namsan.do

남산골한옥마을

용산공원

the GREEN #27
서울
안산자락길

•

경기도 안산 말고 서울 안산!
메타세쿼이아 숲을 품은 숨은 명소
사방팔방 서울 구경은 보너스

―

• Info •
주소 서울 서대문구 봉원사길 75-66
문의 120
운영시간 상시 개방 | 연중무휴
입장료 무료
주차료 주차장 없음
대중교통 3호선 독립문역 5번 출구에서 도보 약 10분

• 안산자락길 •

"서울 한복판에 이런 곳이 있었어?"

SNS에 친구가 올린 사진을 보고 한눈에 반해 어디냐고 물으니 안산이
란다. 그동안 서울은 구석구석 가 봤다 생각했는데 이제야 안산에 첫 출석
도장을 찍는다. 처음에는 '동네 뒷산이 뭐 특별할까?' 싶었는데, 막상 발을
들이니 생각이 달라졌다. 안산이라는 이름부터 흥미롭다. 안산에는 동봉과
서봉, 두 봉우리가 있다. 산의 능선이 말의 안장처럼 생겼다고 해서 '안산'이
란 이름이 붙었다. 독특한 산세가 이름까지 대신한 셈이다.

안산의 대표 코스는 안산자락길이다. 산을 한 바퀴 둘러싸듯 이어지는
순환형 산책로다. 산을 오르내리지 않고, 휠체어나 유아차도 다닐 수 있을
만큼 평탄한 구간이 많아 가볍게 걷기 좋다. 서대문구청 뒤편에서 진입해
길을 따라 걷다 보면 자락길 구간 중 하나인 메타세쿼이아 숲길이 나온다.
아직까지 안산 메타세쿼이아 숲은 사람들에게 잘 알려지지 않았다. 숲길엔
발자국 소리만 희미하게 울려 퍼진다. 마포구 하늘공원이나 강동구 길동생
태공원처럼 널리 알려진 곳이 아니라 더 조용하고, 깊은 숲의 숨결을 느낄
수 있다.

메타세쿼이아 나무가 줄지어 서 있는 이 구간을 걷다 보면 사계절 내내
숨통이 트인다. 하늘을 향해 쭉쭉 뻗은 나무 사이가 초록빛 터널을 이룬다.
곧게 서 있는 나무를 바라보면 저렇게 똑바로 설 수 있는 힘이 어디서 나오
는지 궁금하다. 비가 오고 바람이 불어도 흔들림 없이 우직하게 서 있는 모
습에 감탄이 나온다. 아마도 땅속 깊이 단단히 뿌리를 내렸기에 가능한 일
이겠지. 나도 저 나무처럼 단단한 뿌리를 가진 사람이 되고 싶다.

평온한 자락길 숲과 탁 트인 풍경, 어느 하나도 놓칠 수 없어 정상으로

향했다. 능선을 따라 이정표를 보고 가면 1시간 만에 정상에 닿는다. 곳곳에 가파른 등산로가 있어 평소 숨쉬기 운동만 했다면 스스로에게 미안하단 사과를 건네야 할지도 모른다.

요동치는 심장을 부여잡은 채, 넓게 펼쳐진 경치에 넋을 잃고 있었다. 그때 등산객 한 분이 다가와 말을 건넸다.

"여기 정말 좋죠? 내가 서울에 있는 산을 많이 다녀 봤는데 안산처럼 사방팔방 서울이 다 보이는 곳이 없어요."

정말 그 말대로였다. 눈앞에 인왕산과 북한산, 멀리 관악산까지 또렷하게 펼쳐진다. 남산, 한강, 롯데타워, 63빌딩 등 서울의 주요 랜드마크도 한눈에 들어온다. 서울의 동서남북을 모두 품에 안은 듯한 기분이다. 산 정상에는 조선 시대 통신망이었던 봉수대(동봉수대)가 복원되어 있다. 탁 트인 전망 너머로 서울의 역사가 함께 다가온다. 도심의 분주함을 잠시 내려놓고, 천천히 숨을 고른다.

deep GREEN •

메타세쿼이아

한때 지구에서 멸종된 줄 알았던 나무가 1940년대 중국에서 재발견되어 '살아 있는 화석'으로 불린다. 기적적인 재발견의 산물이지만 이제는 안산자락길의 주인공이 되었다. 메타세쿼이아는 계절에 따라 옷을 갈아입는 낙엽 침엽수다. 봄에는 연한 초록 새잎이 돋아나고, 여름에는 짙은 녹음으로 우거지며, 가을에는 황금빛으로 물들었다가 겨울에는 앙상한 가지만 남는다. 습지와 물가를 좋아해 공원이나 가로수로도 널리 심는다.

안산자락길의 메타세쿼이아 숲은 서울 한복판 해발 200m 산자락에 있다. 가는 잎이 가지에 촘촘히 달려 있어 녹색 깃털처럼 보인다. 떨어진 잎을 손끝에 올려 보니 부드럽고 섬세한 감촉이 느껴진다. 햇살이 나뭇잎 사이로 스며들면 숲 바닥에 부드러운 빛 물결이 번진다.

일반적으로 메타세쿼이아는 부활, 희망, 인내를 상징하며 휴식과 치유의 공간을 제공하는 나무로 자리 잡았다.

from GREEN •

인왕산

서울 한복판 종로구와 서대문구에 걸쳐 있는 산이다. 정상에서 바라본 서울의 전경은 마치 거대한 보석함이 열리는 듯하다. 해 질 녘 바위 사이로 스며드는 석양빛은 온 세상을 황금빛으로 물들인다. 오후 6시가 넘으면 인왕산 등산로에 불빛이 켜진다. 어둠 속에서 만나는 화강암 바위의 웅장함은 낮보다 훨씬 더 압도적이다.

주소 서울 종로구 무악동 산2-1

수성동계곡

겸재 정선이 그린 '장동팔경첩'에 등장하는 곳. 그림 속 풍경이 눈앞에 펼쳐진다. 조선 시대와 거의 다를 바 없는 모습을 볼 수 있다. 예로부터 '물소리가 유명한 계곡'이라 하여 수성동(水聲洞)으로 불렸다. 여름 오후, 나무 그늘에 아래 앉아 발을 담그면 마치 조선 시대 선비가 된 기분이다. 도심 한복판에 계곡이 숨어 있다는 사실만으로도 비밀 지도를 찾아낸 듯하다.

주소 서울 종로구 옥인동

서대문 독립공원

도심 속에서도 유독 숨이 깊어지는 곳이다. 독립문 뒤편으로 이어지는 언덕길은 서울 한복판임을 잊게 한다. 도로의 소음이 멀어지고, 흙길이 펼쳐진다. 이곳은 단순한 공원이 아니다. 1992년 8월 15일 개원한 서대문독립공원은 조국의 독립을 위해 항거하다 옥고를 치른 애국지사의 자주독립 정신을 기억하기 위해 만들어졌다. 붉은 벽돌로 지어진 서대문형무소 앞에 서면 마치 시간이 멈춘 듯 무거운 정적이 감돈다.

주소 서울 서대문구 통일로 247 **문의** 02-3140-8305

인왕산

서대문 독립공원

the GREEN #28

서울
정독도서관

•

책 향기 흐르는 도서관 마당
나만의 아지트를 찾아서
등나무 아래 퍼지는 초록
그늘 아래 숨겨진 쉼표 발견

─

• Info •

주소 서울 종로구 북촌로5길 48
문의 02-2011-5799
운영시간 3월~10월 07:00~22:00, 11월~2월 08:00~22:00 | 매월 1, 3번째 수요일 휴무
입장료 무료
주차료 기본 요금 5분당 250원, 시간당 3,000원
대중교통 3호선 안국역 1번 출구에서 도보 약 10분

• 정독도서관 •

도서관은 단순히 책을 읽는 공간을 넘어 마음이 쉴 수 있는 안식처다. 경기고등학교 옛 터에 들어선 정독 도서관은 오랜 세월 배움터 역할을 해 왔다. 1977년, 학교가 강남으로 이전한 뒤 남겨진 건물과 교정은 시민을 위한 도서관으로 다시 태어났다. 세월이 흐르면서 이곳은 반세기 가까이 지식의 숲으로 자리 잡았다. 수업시간을 알리는 종소리 대신 책장을 넘기는 소리, 잔디밭을 거닐며 담소를 나누는 소리가 공간을 채운다. 도시 한가운데 있지만 이곳만큼은 시간이 느리게 흐른다.

정독도서관의 진짜 매력은 건물 안보다는 바깥에 있다. 완만한 언덕을 올라 정문을 지나면 도서관 건물로 향하는 길목에 정원이 펼쳐진다. 이곳은 '데이트하러 간다'라는 표현이 어색하지 않을 만큼 낭만적인 분위기가 가득하다. 잘 가꾸어진 잔디밭과 산책로, 계절마다 다양한 꽃을 피우는 화단, 곳곳에 놓인 벤치가 자연스럽게 어우러진다. 특히 봄이면 벚꽃이 만개해 분홍빛 터널을 만들고, 가을에는 단풍이 물들어 황금빛 풍경을 그려 낸다. 햇살이 좋은 날, 사람들은 잔디에 앉아 책을 읽는다.

벚나무와 단풍나무 외에 이곳에는 묵묵히 자리를 지키고 있는 오래된 등나무가 있다. 등나무 터널은 이곳의 명물이다. 벤치 위로 드리운 등나무 가지를 보면 학생들이 깔깔거리며 앉아 있던 학창시절이 떠오른다. 4월 중순부터 5월에는 연보랏빛 꽃송이가 주렁주렁 달리고, 초여름부터 짙은 초록 잎이 시원한 그늘을 드리운다. 항상 똑같을 줄 알았던 등나무도 계절마다 전혀 다른 모습을 보여 준다.

등나무 아래 벤치에 앉으면 몸과 마음이 느슨해진다. 취준생 시절, 시험 준비로 지쳐 있던 어느 날, 나는 우연히 들어선 정독도서관 정원에서 진짜 휴식을 맛보았다. 벤치에 앉아 잔디밭을 바라보며 아무 생각 없이 시간을 보내는 것만으로도 마음이 한결 가벼워졌다. 공부하러 왔다가 힐링을 얻고 간 곳이었기에 더욱 특별하게 느껴졌다.

정독도서관의 좋은 점은 특별한 목적이 없어도 언제든 갈 수 있다는 것이다. 책을 빌리러 오는 사람, 공부를 하러 오는 학생, 산책하러 오는 시민이 자연스럽게 섞여 있다. 대단한 볼거리가 있는 명소는 아니지만 바쁜 일상 속 숨 가쁘게 살아가는 사람들에게, 숨을 고를 수 있는 여유를 느끼게 해 준다. 등나무 그늘 아래에서 보내는 잠깐의 시간이 일상에 작은 쉼표가 되어 준다.

등나무

봄이면 가장 먼저 떠오르는 등나무는 콩과의 낙엽 덩굴나무다. 가느다란 줄기로 나무를 감아 오르며 초록 잎과 길게 늘어진 꽃송이가 바람에 살랑인다. 줄기는 스스로 곧게 서지 못한 채 주변의 지지물을 감아 오르며 자란다. 덩굴은 한 방향으로 돌며 자라고, 잎은 여러 개의 작은 잎이 나란히 모여 깃털처럼 펼쳐진다. 4월 말에서 5월 초에는 포도송이처럼 길게 늘어진 보라색 꽃이 춤을 춘다. 이 꽃은 달콤한 향기로 벌과 나비를 유혹하며, 풍성한 꽃송이가 길게 늘어진다. 가을에는 콩꼬투리 모양의 열매가 달린다. 덩굴의 특성상 아치나 구조물, 벤치 위를 감싸며 그늘을 만들어 주어 조경수로 인기가 많다.

정독도서관 등나무의 수령은 정확히 알기 어렵지만 도서관이 들어선 이래 오랜 세월을 견뎌 온 만큼, 굵고 질긴 줄기에서 세월의 깊이가 느껴진다. 꽃이 진 뒤에는 무성한 잎이 시원한 그늘을 만든다. 등나무는 언제나 다른 것을 감아 올라야만 자랄 수 있는 식물이다. 혼자서는 설 수 없고 주변과 어우러져야만 비로소 제 모습을 완성한다. 등나무를 바라보고 있으면 서로 기대어 살아가는 우리 모습이 떠오른다. 서로를 감싸 안으며 더 높이, 더 멀리 뻗어 나간다.

from GREEN •

경복궁

조선의 첫 궁궐이자 역사의 숨결을 간직한 곳이다. 웅장한 건물과 고즈넉한 돌담길, 사계절 내내 변하는 다양한 꽃과 나무가 어우러져 유적지를 넘어 살아 있는 자연 공간으로 다가온다. 경복궁의 또 다른 매력은 담장 너머로 펼쳐지는 녹지 공간이다. 교태전 뒤뜰의 아미산 정원에는 앵두나무, 매화나무 등 다양한 나무가 있다. 궐내에 있는 오래된 나무는 마치 시간의 흐름을 조용히 지켜보는 수호자 같다.

주소 서울 종로구 사직로 161 **문의** 02-3700-3900 **운영시간** 09:00~18:00(1월~2월, 11월~12월 17:00까지, 6월~8월 18:30까지) **휴무** 매주 화요일 **입장료** 어른(만25세~64세) 3,000원 **홈페이지** https://royal.khs.go.kr/gbg

삼청공원

감각적인 카페, 소박한 갤러리, 독특한 상점이 이어지는 삼청동 메인거리(삼청로)를 따라 북쪽으로 직진하면 삼청공원에 이른다. 도심 한가운데서 만나는 조용한 숲길. 오랜 역사를 지닌 북악산 자락에 안겨 있다. 4월경 벚꽃이 만개하면 서울 데이트 장소로 많은 사람들이 방문한다.

주소 서울 종로구 삼청로 156

조계사

고요한 분위기가 감도는 도심 속 사찰인 조계사는 한국 불교 종파인 대한불교조계종의 총본산이다. 대웅전 앞마당에는 회화나무와 백송이 우뚝 서 있다. 이 두 나무는 조계사의 상징이다. 회화나무는 높이가 26m에 이르는 위용을 자랑하며, 백송은 가지가 대웅전 지붕에 닿을 만큼 가깝다. 누구든지 언제나 자유롭게 방문할 수 있는 열린 공간이다.

주소 서울 종로구 우정국로 55 **문의** 02-768-8600 **홈페이지** www.jogyesa.kr

경복궁　　　　　　조계사

the GREEN #29

서울
창덕궁 후원

•

시간을 넘어선 자연의 숨결
조선 왕조의 역사를 품은
비밀 공간을 찾아서
하루쯤은 나도 왕이 되어 산책하리

───

• Info •

주소 서울 종로구 율곡로 99
문의 02-3668-2300
운영시간 09:00~18:00(6월~8월 18:30까지 / 11월~1월 17:30까지)
매주 월요일 휴무
입장료 어른 3,000원(만25세~만64세)
주차료 주차장 없음
대중교통 3호선 안국역 3번 출구에서 도보 약 5분

• 창덕궁 후원 •

조선 왕들이 사랑한 궁궐, 바로 창덕궁이다. 왕과 왕실 가족은 창덕궁 후원에서 고된 일상과 복잡한 마음을 달래며 휴식을 취했다. 창덕궁은 자연 지형을 최대한 살린 건축과 독특한 후원 문화를 갖췄다. 왕실 정원의 가치를 높게 평가받아 조선 궁궐 중 유일하게 유네스코 세계문화유산에 등재됐다.

창덕궁 후원은 궁궐 뒤편, 산기슭을 따라 조성된 정원이다. 예약제로만 입장할 수 있어 더욱 특별하게 느껴진다. 제한된 인원만이 지정된 시간에 해설사와 함께 후원을 거닐 수 있다. 이 고요한 순간, 마치 왕이 되어 비밀 정원을 거니는 듯한 설렘이 느껴진다. 창덕궁 후원으로 향하는 길은 전각 지역을 지나기 때문에 일반 입장권과 후원 입장권을 함께 예매해야 한다. 운영 상황에 따라 변동이 많다. 예약 전 홈페이지 공지를 꼭 확인하는 것이 좋다.

예약의 불편을 감수하고 들어선 후원은 공기부터 다르다. 궁궐 건물이 모여 있는 앞쪽과는 전혀 다른 분위기다. 구불구불 이어진 완만한 언덕과 골짜기를 따라 길이 나 있고, 소박하게 꾸민 정원을 걷다 보면 어느새 도시의 일상에서 멀어진다.

후원은 전체적으로 구릉과 골짜기를 그대로 활용해 완만한 지형으로 이루어진다. 부용지, 애련지, 옥류천 등 저마다 이름을 지닌 공간이 이어진다. 특히 부용지 주변은 후원의 백미로 손꼽는다. 네모난 연못 한가운데 둥근 섬이 있는데 이는 동양의 천원지방(하늘은 둥글고 땅은 네모나다) 사상을 상징한다. 연못 주변에는 부용정이라는 소박한 정자가 있다. 연못과 자연스럽게 어우러지면서도 아늑하고 친근한 인상을 준다. 맑은 물에 비친 부용정의 모습은 보는 각도에 따라 다양한 풍경으로 다가온다. 주합루에서 내려다보면 부용정이 연못에 그대로 비쳐 한층 더 운치를 더한다.

"창덕궁 후원은 인위적으로 만든 정원이 아니라 자연 지형을 그대로 살린 것이 특징이에요."

해설사의 설명을 들으니 고개가 끄덕여진다. 다른 궁궐의 정원과 달리 이곳은 자연의 모습을 최대한 보존했다. 구불구불한 언덕을 따라 길이 나 있고, 인공적인 느낌이 없어 편안함과 안정감이 든다.

600년 전 조선 왕들이 숨통을 트고 쉬었던 곳이 바로 이곳이다. 나무 그늘 아래에서 책을 읽고, 시를 짓고, 낚시를 즐겼다는 이야기가 생생하게 와닿는다. 복잡한 나라 일에 지친 마음을 잠시 내려놓기에 이 정원만큼 평화로운 곳도 없었을 것이다. 후원을 한 바퀴 도는 데는 1시간 30분 정도가 걸린다. 옥류천을 지나 궁궐 입구로 돌아오는 길, 짧은 시간이었지만 깊은 쉼표를 하나 찍은 듯한 여운이 남는다.

deep GREEN •

향나무

향나무는 바람에 흔들릴 때마다 초록빛 침엽이 햇살을 받아 반짝인다. 봄에는 황금빛 새순이 돋아나고, 여름에는 진한 녹색으로 무성해지며, 가을 열매는 푸른색에서 갈색으로 익는다. 겨울에도 변함없이 푸른 잎을 유지해 절개와 지조를 뜻한다. 우리나라 산과 들에서 자라며 특히 궁궐과 사찰에서 신성한 나무로 여겨진다. 천 년 이상 살 수 있는 장수목이라 불로장생을 상징한다.

수령 750년이 넘는 창덕궁 후원의 향나무는 조선 왕조와 함께 오랜 세월을 견뎌 왔다. 후원의 깊숙한 곳, 왕과 왕족만이 거닐던 은밀한 공간에 서 있다. 굵은 줄기는 하늘로 치솟고, 무성한 가지는 사방으로 퍼진다. 비늘 같은 잎이 겹겹이 싸여 있어 손으로 만지면 거친 듯하면서도 따스한 감촉이 전해진다. 나무껍질마다 세월의 흔적이 켜켜이 배어 있다. 깊게 패인 주름 하나하나가 왕실의 이야기를 품고 있는 것 같다. 예로부터 향나무는 정화와 영원, 고결함을 상징하며 명상과 사색의 공간을 제공하는 나무로 사랑받고 있다.

from GREEN •

종묘

조선 시대 역대 왕과 왕비의 신주를 모시고 유교식 제사를 올리던 왕실 사당이다. 담장을 따라 걸으면 도시의 소음이 점점 사라지고, 나무 그늘 속에서 왕조의 숨결이 밴 바람이 불어온다. 정전 뒤편으로 이어진 울창한 숲은 조상의 넋을 지키는 신성한 공간이다. 마치 시간이 멈춘 듯 엄숙한 기운이 공간을 감싸고 있다. 이곳을 거닐다 보면 평소와는 다른 묵직한 경외감이 마음속 깊이 스며든다.

주소 서울 종로구 종로 157 **문의** 02-765-0195 **운영시간** 평일 시간제 관람(정해진 시간에 입장 후 해설사 동행 1시간 정도 관람 후 퇴장, 일반관람불가) **휴무** 매주 화요일 **입장료** 어른(만25세~64세) 1,000원 **홈페이지** https://royal.khs.go.kr/jm

낙산

서울 종로구와 성북구에 걸쳐 있는 해발 125m의 산, 낙산은 능선이 낙타의 등처럼 완만하게 솟아 있어 '낙타산'이라 불리기도 한다. 600년 역사의 한양도성 일부가 남아 있다. 성곽 너머로 펼쳐진 골목과 도시 풍경이 한눈에 들어온다. 성곽 길을 걷다 보면 돌담 너머로 서울 도심이 펼쳐진다. 언덕을 따라 전망 좋은 카페들도 곳곳에 있다. 해 질 무렵, 카페 창가에 앉아 성곽 위로 물드는 붉은 노을을 바라본다. 저녁이면 도시의 불빛과 옛 성벽이 어우러져 특별한 풍경을 만들어 낸다.

주소 서울 종로구 창신동

남산 둘레길

남산의 매력은 둘레길에서 깊어진다. 남산을 한 바퀴 감싸는 둘레길은 단순한 산책로를 넘어 계절마다 달라지는 숲의 표정을 온전히 느낄 수 있는 자연의 보고다. 도시 한복판인 것이 무색할 만큼 숲길에는 다양한 새소리가 가득하다. 직박구리, 까치, 산비둘기, 박새, 곤줄박이, 참새 등이 노래한다. 거대한 도심 속에서도 자연이 온전히 살아 있음을 느낄 수 있다.

주소 서울 중구 회현동1가 **문의** 02-3783-5900 **운영시간** 상시 개방(연중무휴)
홈페이지 https://parks.seoul.go.kr/template/sub/namsan.do

종묘

낙산

the GREEN #30

세종
국립세종수목원

•

세종의 자연이 숨 쉬는 들판
사계절 초록 향기 번지는 온실
전통 정원의 고요함과
이국의 시간과 만나는 곳

―

• **Info** •
주소 세종 연기면 수목원로 136 국립세종수목원
문의 044-251-0001
운영시간 3월~10월 09:00~18:00, 11월~2월 09:00~17:00
매주 월요일, 1월 1일, 설, 추석 당일 휴무
입장료 어른 5,000원 / 청소년 4,000원 / 어린이 3,000원
주차료 무료
대중교통 세종고속버스터미널에서 7km, 버스 221번 약 30분

• 국립세종수목원 •

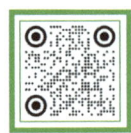

2020년, 대한민국의 허파가 하나 더 생겼다. 세종시 연기면 수목원로에 축구장 90개를 합친 65ha(헥타르) 공간에 다양한 나무가 심어졌고, 그 사이로 다양한 정원이 꾸며졌다. 국립세종수목원은 도심형 수목원이라는 점에서 접근성이 뛰어나며 일상 속에서 자연을 접할 수 있도록 설계됐다. 다양한 전시 온실과 주제별 정원, 시민 참여 프로그램 등도 함께 운영한다.

개장 첫해부터 이곳을 지켜봐 온 나는 계절마다 이곳을 찾아 변화하는 모습을 경험했다. 아직 개장한 지 오래되지 않아 울창한 숲은 아니지만 시간이 흐를수록 이파리는 풍성해지고, 나무들도 점점 제자리를 찾아간다. 그래서 더욱 특별하게 느껴진다. 자연이 성장하는 과정을 함께 지켜볼 수 있는 드문 기회이기 때문이다. 나무가 뿌리를 내리고 가지를 뻗어 가는 미묘한 변화를 보며 나의 어제와 다른 오늘의 작은 성장들도 돌아볼 수 있었다.

수목원은 크게 야외 전시원과 실내 온실로 나뉜다. 야외에는 한국전통정원, 분재원, 습지생태, 사계절 정원 등 20개의 주제별 공간이 펼쳐진다. 개장 5년 차. 아직 나무들이 제 모습을 완전히 갖추지는 못했지만 그 아쉬움을 사계절 전시 온실이 채워 준다. 세종 국립수목원의 진짜 매력은 축구장 1.5배 크기인 1ha(헥타르) 규모로 지어진 온실이다. 붓꽃을 형상화한 독특한 외관 덕분에 멀리서도 단번에 눈에 띈다.

지중해, 열대, 특별 전시 온실로 나뉜 각각의 공간은 마치 세계 여행을 하는 듯하다. 문을 여는 순간 온도와 습도가 달라지고, 공기마저 다르게 느껴진다. 서로 다른 기후대의 식물은 제 각각의 숨을 내쉰다. 지중해 온실에서는 올리브나무와 라벤더 향기가 기분을 상쾌하게 하고, 열대 온실에서는 색색의 꽃을 피운 다양한 식물들이 눈을 즐겁게 한다. 특별 전시 온실은 매시즌마다 새로운 테마로 꾸며져 다음 전시를 기다리는 설렘을 더한다.

가장 기억에 남는 곳은 지중해 전시 온실이다. 스페인 알함브라 궁전을 모티브로 꾸며진 모습이 이국적인 분위기를 자아낸다. 올리브나무, 물병나무 등 지중해 식물이 있어 마치 유럽의 정원에 온 듯하다. 바오밥나무는 마치 먼 이국땅에서 온 손님처럼 조용히 서 있다. 다른 나무들처럼 무성한 잎사귀로 치장하지 않아도 강렬한 존재감을 드러낸다.

수목원 입구에 마련된 식물 판매장도 빼놓을 수 없는 재미다. 온실에서 본 식물들의 작은 버전이나 키우기 쉬운 품종을 만날 수 있다. 식물을 구경하다 보면 하나씩 집에 데려가고 싶어진다. 실제로 몇 번은 작은 화분을 사서 집으로 가져왔다. 수목원에서 데려온 나무는 나의 일상 속에서 무럭무럭 자라고 있다.

deep GREEN •

바오밥나무

아프리카가 원산지인 거대한 나무다. 줄기가 뒤집힌 나무라는 별명을 가질 정도로 독특한 모양이 특징이다. 뿌리가 하늘을 향해 뻗은 듯 보이는 가지와 병처럼 부풀어 오른 거대한 줄기가 예사롭지 않다. 줄기 둘레가 10m가 넘는 경우도 있을 만큼 크게 자라며 수명은 수천 년에 이른다. 소설 속《어린왕자》는 바오밥나무를 경계했다. 작은 별을 뚫고 나갈 만큼 커지기 전에 미리 뽑아내야 한다고 말했다. 바오밥나무의 가장 놀라운 특징은 물을 저장하는 능력이다. 건기가 길고 비가 귀한 사막에서 살아남기 위해 나무줄기 안에 엄청난 양의 물을 저장한다. 줄기가 거대한 물통 역할을 하기 때문에 기둥에 구멍을 뚫어 물을 얻기도 한다. 이 때문에 바오밥나무는 '생명의 나무', '거꾸로 선 나무' 등 여러 이름으로 불린다. 국립세종수목원 지중해 온실 속의 바오밥나무는 아직 어린 나무라 본토의 거대한 모습과는 다르지만 특유의 부풀어 오른 줄기와 독특한 가지 모양을 고스란히 간직하고 있다.

from GREEN •

베어트리파크

세종의 푸른 숲, 반달곰과 불곰이 어울려 노니는 숲이 있다. 곰이 장난스럽게 손짓하는 모습, 오색 연못을 누비는 비단잉어의 반짝임, 향나무와 소나무 그늘 아래 피어나는 들꽃이 어우러져 한 폭의 풍경화를 그려 낸다. 숨은 보물 찾듯 산책로를 따라 걷기 좋은 곳. 아이들과 어른 모두 웃음 짓게 되는 정원이다.

주소 세종 전동면 신송로 217 **문의** 044-866-7766 **운영시간** 3월~11월 09:00~19:00 12월~2월 10:00~19:00 금~일 주말 상시 1시간씩 연장 관람(연중무휴) **입장료** 어른 13,000원 **홈페이지** https://beartreepark.com

연미산 자연미술공원

연미산의 풍경이 자연과 예술로 다시 깨어난다. 숲길을 따라 걷다 보면 곳곳에 놓인 조각 작품이 하나씩 모습을 드러내고, 바람에 흔들리는 나뭇잎 소리와 어우러져 잠시 걸음을 멈추게 한다. 자연미술공원이라는 이름처럼 정교하게 다듬어진 예술작품과 자연 그대로의 숲과 흙, 바람이 섞여 있다. 구불구불 이어진 산책로를 따라 인간과 자연, 예술과 삶의 경계가 흐릿해진다.

주소 충남 공주시 우성면 연미산고개길 98 **문의** 041-853-8828 **운영시간** 10:00~18:00 **휴무** 매주 월요일 **입장료** 어른 5,000원

한밭 수목원

도시 한가운데 조성된 수목원. 자연과 사람, 시간이 나란히 거니는 정원이다. 동원과 서원, 열대식물원까지 세 가지 공간으로 이어지며 사계절 내내 다채로운 나무와 꽃, 잔잔한 연못이 어우러져 있다. 전체 부지가 대부분 평지로 이루어져 있어 누구나 편안하게 자연을 만날 수 있다.

주소 대전 서구 둔산대로 169 **문의** 042-270-8452 **운영시간** 4월~10월 05:00~21:00 11월~3월 07:00~19:00 **휴무** 동원, 열대식물원 월요일, 서원 화요일 **홈페이지** www.daejeon.go.kr/gar/index.do

베어트리파크

연미산 자연미술공원

양평
서후리숲

•

새하얀 숲길 따라
살랑살랑 자작자작
파란 하늘과 맞닿은
하얀 숲의 노래

―

• Info •

주소 경기 양평군 서종면 거북바위1길 200
문의 031-774-2387
운영시간 09:00 ~ 18:00 | 수요일 휴무
입장료 어른 8,000원
주차료 무료
대중교통 양수역에서 약 14km, 차량 이용 약 30분

• 서후리숲 •

'BTS 화보 촬영지'라는 짧은 한 줄 소개가 나를 이곳으로 이끌었다. 사진 한 장이 내 안에 잠들어 있던 산책 본능을 단번에 깨운다. 자작나무 숲길은 북유럽 어딘가에 와 있는 듯한 착각을 불러일으킨다. 낯설고도 신비로운 사진 속 풍경의 정체는 경기 양평에 있는 서후리숲이다. 원래 이곳은 일반인에게 개방되지 않았던 사유지였으나 2014년부터 숲 체험 프로그램을 운영하며 방문객을 맞이하고 있다. 그래서인지 숲을 찾아가는 길은 수월하지 않다. 오지에 자리한 듯 꽁꽁 숨겨진 숲, 차 한 대 지나갈 정도로 좁은 마을길을 한참이나 달리고서야 서후리숲 전용 주차장에 도착한다.

입구에서 산책로로 들어서면 작은 개울을 건너는 다리를 만난다. 다리를 건너 숲길을 따라 걷다 보면 하얀 파라솔이 펼쳐진 오두막집 카페가 모습을 드러낸다. 카페 주변의 넓은 잔디 정원과 작은 폭포가 어우러져 그림 속에 들어온 듯한 기분이 든다. 카페 테라스는 숲멍을 즐기기에 좋은 공간이다. 테라스에 앉아 정원을 내려다보면 짙은 녹음이 펼쳐진다. 카페인을 충전한 후 본격적인 숲 탐방에 나선다.

서후리숲 산책 코스는 산책보다는 다소 힘들지만 등산보다는 부담이 적은, 산책과 등산의 중간쯤에 해당하는 코스다. 이곳에서 촬영한 BTS 화보 사진 여러 장이 숲 곳곳에 놓여 있다. 숲속에 자연스럽게 걸린 사진은 작은 즐거움을 준다. 꼭 그들의 팬이 아니어도 보물찾기 하듯 사진을 발견하는 재미가 있다.

서후리숲은 다양한 수목이 군락을 이룬다. 산책로 중간쯤에서 A코스와 B코스로 나뉘는데 자작나무숲은 꼭대기에 있다. 본격적인 자작나무 숲길로 들어서면 점점 발걸음이 느려진다. 숨이 차오를 때쯤 하얗게 빛나는 자작나무가 모습을 드러낸다. 처음에는 다른 나무와 어우러져 있다가 점점 깊이 들어갈수록 자작나무만의 세상이 펼쳐진다. 햇빛에 물든 나뭇가지가 소리 없이 반짝인다. 그 모습이 예뻐 자꾸만 카메라 셔터를 누른다. 고개를 들어 하늘을 바라보니 촘촘하게 늘어선 자작나무 사이로 파란 하늘이 보인다. 하늘을 받치듯 우뚝 선 흰 나무의 행렬이 마치 하늘과 맞닿아 있는 듯하다. 바람이 불면 자작나무 잎사귀가 서로 부딪히며 은은한 소리를 낸다. 기다란 나무줄기도 춤을 춘다. 서후리숲은 지형적인 특성상 4월까지도 겨울의 흔적을 떨쳐 내지 못한 채 차가운 공기 속에 조용히 숨을 고른다. 숲의 싱그러움을 만끽하려면 5~6월이나 그 이후에 방문하는 것이 좋다. 여름에는 숲 전체가 진한 푸름으로 둘러싸여 있다. 자작나무뿐 아니라 메타세쿼이아, 단풍나무, 침엽수 등 다양한 나무들이 어우러지며 숲에 생명력을 더한다.

자작나무

"휘바, 휘바—!"라는 인사처럼 생기발랄한 자작나무는 봄에는 연둣빛 새잎을 틔우고, 여름에는 푸른 잎으로 숲을 환하게 수놓는다. 가을이면 노랗게 물든 잎이 또 다른 정취를 더하고, 겨울에는 하얀 몸통만 남아 존재감을 드러낸다. 잎은 타원형 모양으로 끝이 뾰족하며, 바람이 불면 서로 부딪혀 은은한 소리를 낸다. 자작나무는 북반구의 한대와 냉온대 지역에 분포한다. 우리나라에서는 주로 강원도 등 고도가 높은 곳에서 자생한다. 대부분의 나무껍질이 거칠고 자연스러운 멋을 지녔다면, 자작나무는 밝은 흰색 껍질로 특별함을 더한다. 껍질을 태울 때 '자작자작' 소리가 난다고 해서 자작나무라는 이름이 붙여졌다. 밝고 하얀 껍질은 햇빛과 눈의 반사광을 반사해 나무를 보호하는 자연스러운 적응의 결과다. 서후리숲의 자작나무는 인공적으로 조성된 숲임에도, 햇살이 스며들 때마다 숲 전체가 환하게 빛난다. 자작나무는 청정함과 순수함, 새로운 시작을 상징한다.

from GREEN •

국립 유명산 자연휴양림

'자연 속에서 쉰다'라는 말이 이곳만큼 잘 어울리는 곳이 또 있을까. 경기 양평과 가평의 경계, 깊은 산자락에 포근히 안긴 유명산자연휴양림은 일상에 지친 마음을 감싸 안아 준다. 산을 따라 흐르는 계곡은 은빛 실타래가 풀리듯 부드럽게 이어지고, 크고 작은 폭포에서 맑고 차가운 물줄기가 쏟아진다. 여름이면 시원한 물소리에 이끌려 많은 이들이 피서를 찾아온다. 계곡을 따라 걷는 길에서는 바람과 물소리가 어우러져 한낮의 더위를 잊게 해 준다.

주소 경기 가평군 설악면 유명산길 79-53 **문의** 031-589-5487 **운영시간** 09:00~18:00(연중무휴) **입장료** 어른 1,000원 **홈페이지** www.foresttrip.go.kr(숲나들e)

양평패러글라이딩파크

숲을 만나는 가장 짜릿한 방법, 바로 하늘을 나는 것이다. 해발 860m 유명산 이륙장에 서면 발끝 아래로 펼쳐진 초록의 바다에 심장이 두근거린다. 바람이 얼굴을 스치고, 숲의 향기가 온몸을 감싼다. 패러글라이딩이 시작되면 한 마리 새가 되어 숲 위를 미끄러지듯 날아간다. 광활한 산자락과 거대한 숲이 물결처럼 밀려온다.

주소 경기 양평군 옥천면 동막길 49 1 **문의** 010-4539-2681 **운영시간** 동절기 10:00~16:00, 하절기 08:00~18:00 **휴무** 설 추석 당일, 우천, 강풍, 혹한 시 **이용료** 프로그램별 상이
홈페이지 www.yppara.co.kr

더그림

'그림보다 더 그림 같은' 정원과 유럽풍 건물이 어우러진 숲속 힐링 공간이다. 마치 작은 수목원에 온 듯, 정성스럽게 가꾼 정원에는 사계절 내내 자연이 살아 숨 쉰다. 산책로를 따라 걷다 보면 분수와 벤치, 아기자기한 포토존이 이어지고, 곳곳에 놓인 모자와 소품이 사진 찍는 재미를 더한다. 입장료에는 음료 한 잔이 포함되어 있어 정원을 산책하며 취향껏 음료를 즐길 수 있다.

주소 경기 양평군 옥천면 사나사길 175 **문의** 070-4257-2210 **운영시간** 평일 10:00~18:40, 주말 09:30~19:00(연중무휴) **입장료** 중학생 이상 10,000원 **홈페이지** instagram.com/yp_thegreem

국립 유명산 자연휴양림

더그림

제주
절물자연휴양림

·

맑은 샘물 소리
청량한 바람소리
지저귀는 새소리
삼나무 숲이 전하는 초록 인사

———

· Info ·
주소 제주 제주시 명림로 584
문의 064-728-1510
운영시간 07:00~17:00 | 연중무휴
입장료 어른 1,000원
주차료 무료
대중교통 제주공항에서 20km, 버스 121번, 봉개동에서 43-2 환승 약 55분

· 절물자연휴양림 ·

"절물이 뭐야? 절에 있는 물인가?"

문득 내뱉었던 이 질문이 알고 보니 사실이었다. '절물'이라는 이름은 '절집'과 '샘물'이 합쳐진 말이다. 이 지역에는 약수암이라는 작은 절이 있었고, 그 옆에는 맑은 샘물이 솟던 약수터가 있었다. 그래서 사람들은 이곳을 '절 옆의 샘', '절물'이라고 불렀다.

절물자연휴양림은 1997년 문을 연 제주 최초의 휴양림이다. 1960년대 중반부터 삼나무 조림을 시작해 현재는 울창한 숲을 이루고 있다. 처음 나무가 심어질 때에는 사람 키보다도 작았을 텐데 지금은 하늘을 찌를 듯 솟아올랐다. 반세기 넘는 시간 동안 자연이 만들어 낸 거대한 작품이다.

휴양림에는 산책로를 비롯해 약수터, 폭포, 연못, 잔디광장, 목공예체험장, 운동시설, 어린이 놀이시설, 숙박시설 등 다양한 시설이 갖춰져 있어 취향에 따라 자연을 만끽하며 휴식을 즐길 수 있다. 산책로도 비교적 경사도가 낮고 계단이 없어 누구나 쉽게 걸을 수 있다.

비 오는 날, 절물휴양림을 찾았다. 비에 젖은 삼나무는 선명한 초록빛을 드러냈고, 나무껍질도 평소보다 한층 짙은 갈색으로 변했다. 피톤치드 향이 코끝을 스치니 마음까지 편안해진다. 삼나무 숲길을 걷다가 저 멀리서 무언가가 살며시 움직이는 것이 보였다. 노루였다. 깜짝 선물을 받은 것처럼 가슴이 두근거렸다. 노루는 잠시 나와 눈을 마주치더니 조심스럽게 귀를 쫑긋 세운 채 숲속 깊은 곳으로 사라졌다. 이렇게 가까이에서 노루를 만날 수 있다니! 상상도 하지 못했다. 나중에 알고 보니 야생 노루 주요 서식지 중 한 곳이 여기였다.

절물자연휴양림은 다양한 숲길을 품고 있다. 생이소리길을 거닐다 보면 귀가 트인다. 제주어 '생이'는 '새'를 뜻하는데 이 길에서는 새소리가 많이 들린다. 빗방울이 나뭇잎에 떨어지는 소리, 나뭇가지가 바람에 흔들리는 소리 등 평소에는 미처 듣지 못했던 자연의 소리가 하나둘씩 귀에 들어온다. 곳곳에서 계곡물 소리도 들려온다. 이곳에서 흘러나오는 것은 물뿐만이 아니었다. 좋은 기운과 치유의 힘이 함께 흘러나오는 듯했다. 비 내리는 숲에서는 급할 것도, 서두를 것도 없다. 삼나무가 수십 년에 걸쳐 자란 것처럼 한 걸음 한 걸음 천천히 숲을 거닐면 그것으로 충분하다. 제주의 장마철은 보통 6월 말부터 7월 말까지 이어진다. 많은 사람들이 이 시기를 피해 여행을 계획하지만, 절물휴양림은 예외다. 오히려 장마철에 가야 더욱 짙고 선명한 초록 풍경을 만날 수 있다. 빗소리와 함께 숲의 자연스러운 소리가 어우러져 한층 깊은 힐링을 경험할 수 있다.

deep GREEN •

삼나무

삼나무의 원산지는 일본이다. 일제강점기에 경제림 조성 목적으로 제주에 심어진 것이 시작이었다. 아픈 역사의 산물이지만 이제는 제주 절물 휴양림의 주인공이 되었다. 삼나무는 사계절 내내 짙푸른 침엽을 유지하는 상록 침엽수이지만 계절에 따라 미묘한 색 변화를 보인다. 봄에는 연둣빛 새순이 돋아나고, 여름에는 진한 녹색으로 짙어지며, 가을과 겨울에는 청록빛을 띤다. 습기와 바람에도 굳건해 건축, 가구, 조각에도 널리 이용된다.

절물 휴양림의 삼나무 숲은 해발 550m 한라산 중턱에 자리하고 있다. 가늘고 끝이 뾰족한 잎이 나선형으로 가지에 촘촘히 달려 있어 도깨비방망이처럼 보인다. 삼나무 숲이 무리를 이루며 자라 주변과 뚜렷이 구분되고, 높은 숲을 이루어 위엄이 느껴진다. 일반적으로 삼나무는 장수, 불변의 의지, 평온함을 상징하며 제주에서는 치유와 명상의 공간을 제공하는 나무로 자리 잡았다.

from GREEN •

사려니숲길

붉은 흙길을 따라 울창한 삼나무와 곧게 자란 편백나무가 빽빽하게 서 있다. 이름부터 신비로운 이 숲길은 '신령스러운 곳'이라는 뜻을 품고 있다. 제주도 중산간 깊은 곳에서 조용히 몸을 숨기고, 한라산과 곶자왈을 잇는 다리 역할을 해 왔다. 오랜 시간이 쌓여 빚어낸 '신령스러운 숲'을 잠시 걷는 것만으로도 마음이 평온해진다. 대부분 상시 개방 구간이지만 물찻오름 등 일부 탐방로는 자연휴식년제 적용 등으로 개방하지 않는다.

주소 제주 제주시 봉개동 산64-5 **문의** 064-900-8800

삼다수숲길

한라산 북쪽 기슭, 해발 600m 부근에 자리 잡은 이 숲은 제주 삼다수의 원천이 흐르는 곳이다. 땅 아래로 스며든 빗물이 오랜 시간 암석층을 지나면서 천천히 여과된다. 3개의 코스(꽃길, 테우리길, 사농바치길)로 이루어져 있으며 인적이 드물어 마치 비밀의 숲에 온 듯하다. 삼나무와 편백나무 사이 지천으로 피어난 야생화가 어우러진다.

주소 제주 제주시 조천읍 교래리 산70-1

산굼부리 분화구

해발 400m 남짓, 분화구를 중심으로 완만한 곡선을 그리는 오름이다. 깊이 100m, 지름 600m에 이르는 넓은 분화구가 들판 한가운데 완만한 언덕을 이루고 있다. 제주에 많은 오름이 있지만 이토록 큰 분화구를 품은 곳은 드물다. 분화구 둘레를 따라 천천히 걷다 보면, 계절마다 다양한 풀꽃이 피고 진다. 가을에는 황금빛 억새가 장관을 이룬다. 산책로를 걷다보면 성산일출봉에서 한라산까지 동쪽 제주의 풍경이 한눈에 들어온다.

주소 제주 제주시 조천읍 비자림로 768 **문의** 064-783-9900 **운영시간** 3~6월 9~10월 09:00~18:40 / 7~8월 11~2월 09:00~17:40(연중무휴)

삼다수숲길

삼굼부리 분화구

the GREEN #33

증평
보강천 미루나무숲

·

유유히 흐르는 보강천 물결을 벗 삼아
하늘로 치솟는 미루나무
잎사귀 사이로 쏟아지는 햇살에
내 마음도 반짝반짝

—

• Info •
주소 충북 증평군 증평읍 송산리 649-45
운영시간 상시 개방 | 연중무휴
입장료 무료
주차료 무료
대중교통 증평역에서 2km, 버스 206번, 252번 약 20분

• 보강천 미루나무숲 •

"미루나무 꼭대기에 조각구름 걸려 있네. 솔바람이 몰고 와서 살짝 걸쳐 놓고 갔어요."

어릴 적, '흰 구름'이라는 동요를 즐겨 부르곤 했다. 미루나무는 동심 속에서 언제나 하늘 가까이에 서 있던 나무였다. 어른이 되어 증평 보강천 미루나무 숲길에 서니 그때의 멜로디가 자연스레 떠오른다. 증평을 지나다 우연히 들른 이 숲은 예상보다 훨씬 넓고 고요하다. 나무 꼭대기에 걸린 흰 구름과 바람에 흔들리는 잎사귀를 보자니 마치 동요 가사 속 풍경이 현실이 된 듯하다.

증평의 젖줄인 보강천은 충청북도 증평군 도안면과 증평읍의 들판을 적시며 흐른다. 증평읍을 동서로 가로지르는 이 하천 주변에는 다양한 식물과 동물이 살고, 산책로와 생태공원, 미루나무 숲길 등 자연 친화적인 공간이 펼쳐진다.

보강천 미루나무 숲은 1970년대 산림녹화 사업의 일환으로 심은 이태리 포플러 나무가 자라 울창한 숲을 이룬다. 굵직한 줄기와 넓게 퍼진 가지에서 반세기를 버텨 온 세월의 무게가 느껴진다.

강변 산책로를 따라 걷다 보면 높게 자란 미루나무가 일렬로 늘어서 장관을 이룬다. 산책로는 평탄하게 이어져 누구나 쉽게 걸을 수 있다. 2.7km에 이르는 산책로를 따라 높이 30~40m에 달하는 미루나무가 줄지어 서 있다. 반세기를 훌쩍 넘긴 이 나무들은 이곳의 변화를 묵묵히 지켜봤다. 한때 예비군 훈련장으로 쓰였던 자리가 지금은 산책로와 잔디밭, 꽃밭으로 가꾸어져 증평의 명물이 되었다.

미루나무 숲길을 걸을 때마다 나무의 높이에 놀란다. 하늘을 향해 곧게 뻗은 나무가 마치 거대한 기둥처럼 양옆에 늘어서 있어 자연의 품에 안긴 듯하다.

보강천을 따라 걷다 보면 징검다리와 습지가 나온다. 물가에는 갈대 같은 수변 식물이 무성해 생태를 가까이에서 관찰할 수 있다. 봄이면 벚꽃과 목련이, 여름에는 백일홍이 피어나고, 가을에는 코스모스가 바람에 흔들린다. 계절이 바뀔 때마다 숲의 빛깔이 달라진다.

저녁이 되면 미루나무 숲은 조용히 빛을 입는다. LED 장미등과 갈대등, 태양광 볼라드가 은은하게 수놓은 길 위로 미루나무와 꽃밭, 풍차, 벽천 분수가 어우러져 동화 속 한 장면 같은 몽환적인 밤 풍경이 펼쳐진다. 동요 속 가사를 떠올리며 미루나무 꼭대기로 눈길을 돌려 본다. 미루나무는 오늘도 조용히, 그리고 묵묵히, 그 자리를 지킨다.

미루나무

'미국에서 온 버드나무'라는 뜻으로 미류(美柳)나무라고도 불린다. 북아메리카가 원산지인 버드나무과의 낙엽교목이다. '낙엽'은 계절이 바뀌면 잎이 떨어지는 성질을, '교목'은 4m 이상으로 크게 자라는 나무를 뜻한다. 넓적한 잎이 계절마다 옷을 갈아입으며 가을이면 스스로 몸을 비운다. 물가를 좋아하는 특성 때문에 하천 주변에서 흔히 볼 수 있다. 물가에 뿌리를 내려 충분한 수분을 머금고 20~30m까지 자라며 생장이 빠르다. 무리를 이루어 자라는 것도 특징인데 보강천 일대에 일렬로 늘어선 미루나무가 바로 그런 모습이다. 서로 어깨를 나란히 하며 바람과 비를 견디고, 계절의 변화를 함께 맞이한다.

증평 보강천 미루나무 숲길의 나무는 '이태리포플러'다. 정확히는 북미산 미루나무와 유럽산 양버들의 교배종으로 외형은 비슷하지만 식물학적으로는 다른 나무다. 미루나무와 이태리포플러는 일반 사람이 구분하기 어려울 정도로 비슷하다. 정확한 학명이 무엇인들 어떠랴. 숲길을 걷는 동안 평온함을 느꼈다면 그것으로 충분하다.

좌구산 자연휴양림

산 이름 '좌구'는 '앉을 좌(坐)' 자와 '거북 구(龜)' 자를 쓴다. 이는 산의 모양이 거북이가 앉아 있는 형국이라는 데서 유래했다. 풍수지리적으로 거북은 장수와 귀함을 상징하며, 좌구산 역시 그런 의미를 담고 있다. 이곳의 숲은 생각보다 깊고, 묵직하다. 휴양림 안에는 숲속의 집, 황토방, 별무리 하우스 등 다양한 숙박시설과 캠핑장, 좌구산천문대, 명상구름다리, 숲 명상의 집, 줄타기(짚라인) 등 다양한 체험 시설을 갖추었다. 산림욕과 레포츠, 문화체험, 힐링을 한 번에 경험할 수 있다.

주소 충북 증평군 증평읍 율리휴양로 287 **문의** 043-835-4551 **입장료** 시설별 상이
홈페이지 www.foresttrip.go.kr(숲나들e)

벨포레리조트

프랑스어로 '아름다운'을 뜻하는 belle와 '숲'을 뜻하는 forêt를 합친 말이다. 아름다운 숲에 안긴 벨포레 리조트는 뒤로는 두타산 자락을 등지고 앞으로는 원남 저수지를 두고 있다. 이런 입지 덕분에 산과 호수, 계곡이 어우러진 경관을 한눈에 감상할 수 있다. 숙박하지 않아도 방문할 수 있으며, 루지와 목장, 수상레저 등 주요 체험 시설은 별도 입장권을 구입해 누구나 이용할 수 있다. 호수를 따라 걷다 보면, 잔잔한 물결과 숲의 향기가 어우러져 마음이 한결 가벼워진다.

주소 충북 증평군 도안면 벨포레길 346 **문의** 1566-0162 **입장료** 시설별 상이
홈페이지 https://belleforetresort.com

송산리 청보리밭

증평 도심 한가운데 펼쳐진 초록 바다. 5월이면 보리가 연둣빛 물결을 이루고, 그 사이로 노란 유채꽃이 드문드문 섞인다. 겨울을 견딘 보리는 단단히 뿌리를 내리고, 다시 살아나는 생명의 힘을 보여 준다. 이곳의 초록 풍경은 일상의 무게를 잠시 내려놓게 한다. 5월에는 청보리밭 축제가, 6월에는 전통 보리타작 체험 행사가 열린다. 축제의 북적임이 지나간 뒤에도 청보리밭은 조용히 계절을 지켜 낸다.

주소 충북 증평군 증평읍 송산리 764번지

좌구산 자연휴양림

벨포레리조트

·

사람과 이야기 사이, 나무 아래 숨쉼

—

김 기 쁨

여행을 다닐 때에도, 일상을 살아갈 때에도 내 눈길을 사로잡는 장면들은 서로 많이 닮았다. 대개 초록색을 띠는 그 장면을 가만히 들여다보면 사람 사는 이야기가 조롱조롱 맺혀 있다. 숲을 찾는 사람들은 저마다의 방식으로 그곳을 사랑한다. 누구는 숲에 얽힌 역사를 기억하고, 누구는 평범한 하루를 보내고, 또 누구는 꿈을 꾼다. 오래된 나무에 소원을 빌기도 하고 새로운 무언가를 일궈 나가기도 한다. 나무와 함께 살아가는 모습은 이토록 다채롭다.

어쩌면 일상의 나무는 여행지로서의 숲보다 더 특별할지도 모르겠다. 매일 지나는 길목의 나무, 밥을 먹고 습관처럼 들르는 공원, 버스를 기다리며 바라보는 가로수길. 익숙하다는 감각마저 잊고 살다가 문득 풍경이 달리 보이는 순간, 하루가 조금 낯설어진다. 유독 날씨가 좋았든, 계절이 바뀌어 꽃이 필 때였든, 마음에 여유가 생긴 날이었든, 그게 언제든 그때부터 그 나무는 내 이야기 속에 존재하게 된다.

보통날이 쌓이고 예사로운 만남이 모여 숲은 이야기로 흥성거린다. 그러니 이제 책을 덮고 밖으로 나가 보자. 발걸음이 닿는 가장 가까운 나무 한 그루를 찾기 위해서. 그곳에서 당신만의 온온한 이야기가 시작되기를 바라며.

·

추억 속 평온 찾아, 나무 곁에 숨쉼

—

김 정 흠

산속 깊숙한 곳으로 이어지는 숲은 내게 불편한 공간이었다. 인적 드문 길은 적막했고, 빽빽한 나무들은 세상과 단절된 듯한 답답함을 느끼게 했다. 날벌레와 뱀의 출현에 늘 불안했고, 발걸음에는 긴장감이 묻어났다. 그런데 도보여행길 위의 숲에서 조금씩 달라졌다. 해파랑길을 걷고, 제주올레에 발을 들일 때마다 자연스레 만나게 된 숲은 두려움보다는 매력적이었다. 바람에 흔들리는 나뭇잎 소리, 가시 사이로 스며드는 빛, 숲을 노래하는 새들의 합창은 어느새 나를 멈춰 세웠다. 그 적막은 고요로 바뀌었고, 불안은 차츰 평온이 되었다.

이제, 숲은 여행길에서 찾는 가장 큰 쉼이다. 이어폰을 빼고 숲이 들려주는 소리에 귀 기울이며, 작은 풀꽃 하나에도 눈길을 준다. 숲을 구성하는 식물 생태계에도 관심을 가진다. 잎을 관찰하면서 소나무와 전나무, 편백을 구별하게 되었고, 줄기만 보아도 이 나무가 벚나무인지, 매화나무인지를 알 수 있게 되었다. 제주 곶자왈, 남녘의 편백 숲, 태백산맥 깊은 골짜기에 펼쳐진 자작나무 숲은 여전히 내게 최고의 쉼터다.

내일은 남해 물건리 방조어부림으로 향한다. 한여름에도 청량한 그 숲에서, 다시 한번 나만의 쉼표를 찍으려 한다.

·

떠오른 순간의 가치, 나무로 숨쉼

———

박 은 하

숲길을 걸을 때마다 발걸음을 멈추게 하는 건 특별한 풍경이 아니라 그 안에서 피어나는 순간의 숨결이었다. 숲이 주는 가장 큰 선물은 지금 이 순간을 온전히 느끼게 하는 순간의 가치다.

나무 아래를 거닐 때마다 복잡한 마음이 차분해졌다. 햇살이 나뭇잎 사이로 스며드는 모습, 새소리가 바람과 어우러지는 순간, 거대한 나무 앞에서 느끼는 경외감. 평소에는 그냥 지나쳤을 법한 순간이 숲에서만큼은 선명하게 다가왔다.

각각의 숲은 저마다 다른 이야기를 품고 있었고, 그곳에 뿌리내린 나무는 각자의 이름과 생사를 가지고 있었다. 서울 남산의 소나무, 경기도 근교 숲길의 잣나무, 제주 동백수목원의 동백나무까지. 나무 한 그루 한 그루를 알아 갈 때마다 숲은 더욱 풍성한 의미로 다가왔다. 계절을 받아들이고, 뿌리를 내리며, 시간의 흐름을 견뎌 내는 나무의 모습에서 인생을 배운다. 나무를 바라보면 지금 이 순간에 온전히 머물 수 있었다. 복잡한 마음은 고요히 가라앉았고, 일상의 소란은 멀리 사라졌다.

일상 곳곳에서 나무와 함께 숨 쉬는 시간이 많아지길 바라본다.

the GREEN 숨쉼 여행

초판 1쇄 발행   2025년 9월 30일
지은이   김기쁨 김정흠 박은하

책임편집   김애진
사진 도움   여가콘텐츠
교정교열   정승혜
디자인   홍혜정

펴낸 곳   여가콘텐츠 FreeTimeContents
펴낸이   김애진
출판 신고   2017년 7월 31일 제2017-000010호
주소   인천광역시 미추홀구 경원대로 717
전화   0507-1367-2148
이메일   freetimec365@naver.com
인스타그램   @freetimecontents

여가로운삶

Next Rainbow series is
the BLUE